Josef Dirnbeck
Martin Gutl

Ich wollte schon immer mit dir reden

Josef Dirnbeck
Martin Gutl

Ich wollte schon immer mit dir reden

Meditationstexte

Verlag Styria

Gewidmet
HILDEGARD UND JEAN GOSS-MAYR
für ihren unermüdlichen gewaltlosen
Einsatz für die Menschenrechte

3. Auflage, 1981
1979 Verlag Styria Graz Wien Köln

Printed in Austria
Umschlaggestaltung: H. Paar, Graz
Gesamtherstellung:
Druck- und Verlagshaus Styria, Graz
ISBN 3 222 11148 0

I.
Unruhig ist unser Herz

Josef Dirnbeck / Martin Gutl

Unruhig ist unser Herz

> „Du selber reizest an, daß Dich zu preisen eine Freude ist; denn geschaffen hast Du uns zu Dir, und unruhig ist unser Herz, bis es seine Ruhe hat in Dir."
> *Augustinus*

Unruhig ist unser Herz,
bis es ruht in Gott.

Unruhig ist unser Herz,
und darum dürfen wir nicht so tun,
als ruhten wir schon in Gott.

Unruhig ist unser Herz,
und darum dürfen wir uns nicht ausruhen,
solange die Welt so ist, wie sie ist.

Unruhig ist unser Herz,
und darum müssen wir reden und kämpfen,
solange so viel Unrecht geschieht.

Unruhig ist unser Herz,
und darum müssen wir unsere Talente nützen,
solange so viel Hilfe gebraucht wird.

Unruhig ist unser Herz,
bis es ruht in Gott.

Und unruhig war auch
das Herz des Jesus von Nazaret,
der nicht im Lehnstuhl eingenickt,
sondern am Kreuz erstickt ist.

Kehr um!

„Da sah er einen Zöllner namens Levi am Zoll sitzen und sagte zu ihm: Folge mir! Und Levi stand auf, ließ alles liegen und folgte ihm."
Lk 5,27—28

Kehr um,
sonst bleibt alles beim alten!
Kehr um,
sonst ändert sich nichts!
Kehr um,
sonst entfernst du dich von dir!
Kehr um,
sonst siehst du alles
von der falschen Seite!
Kehr um,
sonst entgeht dir das Wichtigste!
Kehr um,
sonst bemerkst du nichts vom Ganzen!
Kehr um,
sonst bleibt dir Gott verborgen!

Kehr um,
sonst spielt sich alles
hinter deinem Rücken ab!

Willst du gesund werden?

„Als Jesus ihn dort liegen sah und erkannte, daß er schon lange krank war, fragte er ihn: Willst du gesund werden?"
Joh 5,6

Willst du gesund werden,
oder willst du weiterhin
fiebern?
Nach Geld,
nach Einfluß,
nach Macht?
Willst du gesund werden,
oder willst du weiterhin
fiebern?
Nach Besitz,
nach Vergnügen,
nach Lust?
Willst du selbständig werden,
oder willst du weiterhin
abhängig bleiben?
Von deiner Erziehung,
von deinen Wünschen,
von deinen Trieben?
Willst du selbständig werden,
oder willst du weiterhin
abhängig bleiben?
Von der Meinung der Nachbarn,
von deiner Zeitung,
von deiner Partei?

Willst du schöpferisch werden
oder einfallslos bleiben?
Willst du sensibel werden
oder unempfindlich bleiben?
Willst du geheilt werden
von deiner Sturheit,
von deiner Sperre,
von deiner Sünde?
Willst du gesund werden?
Steh auf,
nimm deine Matte
und geh!

Dein Glaube hat dir geholfen

I.

Dein Glaube
hat dir geholfen!
Dein Geld,
deine Autos,
deine Stereoanlagen
haben dir nicht geholfen!

Dein Glaube
hat dir geholfen!
Deine Posten,
deine Pfründe,
deine Wertpapiere
haben dir nicht geholfen!

Dein Glaube
hat dir geholfen!
Deine Jugendträume,
deine Ideale,
deine Luftschlösser
haben dir nicht geholfen!

Wenn du alles verläßt
und dich auf Gott verläßt,
wird dir dein Glaube helfen!

II.

Dein Glaube
hat dir geholfen,
deine Dogmen nicht!

Und hättest du auch
die schönste Theologie,
die herrlichsten Dogmen,
die redlichste Konfession,
den tadellosesten Taufschein,
aber hättest keinen Glauben:
es nützte dir nichts!

Wenn du alles verläßt
und dich auf Gott verläßt,
wird dir dein Glaube helfen!

Fürchtet euch — Fürchtet euch nicht!

„Da gerieten sie in Furcht. Er aber rief ihnen zu: Ich bin es; fürchtet euch nicht!"
Joh 6,20

Fürchtet euch: der Richter ist tot!
Auf das Gesetz ist nicht mehr Verlaß,
denn Jesus predigt die Liebe!

Fürchtet euch: der Tyrann ist tot!
Auf die Autorität ist nicht mehr Verlaß,
denn Faulheit wird nicht mehr unterstützt!

Fürchtet euch: der Tugendwächter ist tot!
Auf die Moral ist nicht mehr Verlaß,
denn Jesus begnadigt die Sünderin!

Fürchtet euch: Gott ist nicht tot!
Auf den Atheismus ist nicht mehr Verlaß!

Fürchtet euch: Christus ist auferstanden!
Auf den Tod ist nicht mehr Verlaß!

Fürchtet euch nicht, denn seht:
„Ich bin bei euch bis ans Ende der Welt!"

Bist du ein Christ?

„Du bist weder kalt noch heiß. Weil du aber lau bist,
will ich dich ausspeien aus meinem Mund."
Offb 3,16

Bist du ein Christ?
Oder nennst du dich
nur versehentlich
einen Christen?

Nennst du dich einen Christen,
obwohl dein Feuer erloschen ist
und du dich über die Asche freust?
Nennst du dich einen Christen,
obwohl du dich an Menschen hängst,
die zu Asche geworden sind?
Nennst du dich einen Christen,
obwohl du nicht im Traum daran denkst,
auf dem Weg Jesu Christi zu gehen?
Nennst du dich einen Christen,
obwohl für dich satte Behäbigkeit
dasselbe wie Christentum ist?
Nennst du dich einen Christen,
obwohl du deine erste Liebe,
deinen Glauben, deinen Christus
vergessen hast?

Zuerst

Ein Verzweifelter
soll anderen Hoffnung bringen?
Ein Gelähmter
soll andere heilen?
Ein Hungernder
soll sein Brot verteilen?
Ein Habenichts
soll andere bereichern?
Ein Friedloser
soll den Frieden verkünden?
Ein Zitternder
soll den anderen Stärke
und Vertrauen einflößen?

Sehne dich nicht danach,
geliebt zu werden,
liebe!
Verlange nicht, daß du
vom Tode auferweckt wirst,
erwecke!

Keine Zeit

Die Lüge beginnt
mit dem Wort:
„Ich habe keine Zeit."
Ich habe keine Zeit,
in mich hineinzuhorchen,
keine Zeit,
mit mir allein zu sein,
keine Zeit,
auf mich einzugehen,
keine Zeit,
an mir zu arbeiten.
Ich sage statt dessen:
„Ich bin eben so."
Ich habe keine Zeit,
auf meinen Partner zu hören,
keine Zeit,
den Klang seiner Worte aufzunehmen,
keine Zeit,
die Ursachen der Krise kennenzulernen,
keine Zeit,
mir zu überlegen, was ich sage.
Ich sage statt dessen:
„Ich bin eben so."
Ich habe keine Zeit,
Lügner und Scharlatane zu entlarven,
keine Zeit,
die Natur zu betrachten,
keine Zeit,
Gott zu spüren.

Die Lüge beginnt
mit dem Wort:
„Ich habe keine Zeit."
Die Wahrheit ist:
Ich habe Zeit.
Die Wahrheit ist:
Ich habe keinen Mut.

Statt zu klagen

Statt zu klagen:
sich selbst verändern.
Statt über den Wohlstand zu schimpfen:
sich selbst einschränken.
Statt von Menschenrechten zu reden:
den Gastarbeiter freundlich grüßen.
Statt von Sozialreformen zu reden:
die Putzfrau menschlich behandeln.
Statt Moral zu predigen:
ein gutes Beispiel geben.
Statt hundert gute Vorsätze zu ersinnen:
eine gute Tat vollbringen.

Auf wen sollen wir warten?

„Bist du der, der kommen soll, oder müssen wir auf einen anderen warten?"
Mt 11,3

Bist du es,
oder müssen wir warten?

Bist du es,
der seine eigene Meinung sagt,
oder plapperst du nach,
was dir deine Partei vorsagt
oder deine Kirche?

Bist du es,
der selber denkt,
oder läßt du deine Freunde,
deine Zeitung oder das Fernsehen
für dich denken?

Bist du es,
der initiativ wird,
oder wartest du
auf die anderen?

Bist du es?
Oder können wir lange warten,
bis mit dir etwas anzufangen ist?

II.
Im vierten Viertel des zwanzigsten Jahrhunderts

Josef Dirnbeck

Im vierten Viertel des zwanzigsten Jahrhunderts

Ich denke nach.
Über die Welt,
in der ich lebe.
Über die Zeit,
in der ich lebe.

Ich lebe im vierten Viertel
des zwanzigsten Jahrhunderts.
Ein phantastisches Jahrhundert:
wenn man denkt,
was sich alles ereignet hat!
Drei Viertel sind schon vorbei,
sind schon Geschichte,
sind nicht mehr rückgängig zu machen.
Ein Stück davon
habe ich selber miterlebt.
Ein Stück der rasanten Entwicklung
habe ich am eigenen Leib verspürt.
Nun sind wir schon im vierten Viertel.
Das Jahr 2000 kommt auf uns zu.

Es besteht große Wahrscheinlichkeit,
daß ich das Jahr 2000 erleben werde.
Von der allgemeinen Lebenserwartung her
habe ich die besten Chancen.
Wenn ich keinen Unfall habe,
wenn mich Krebs und Herzinfarkt verschonen,
wenn keine Katastrophe hereinbricht,
darf ich damit rechnen,
das Jahr 2000 zu erleben.
Ich habe berechtigten Anlaß zur Annahme,
daß ich ins dritte Jahrtausend
hineinreichen werde...

Vom Jahr 2000
hat man schon alles mögliche erzählt.
Erwartet, erhofft.
Befürchtet.
Aber das ist immer so
mit runden Jahreszahlen,
die haben stets
eine magische Anziehungskraft.

Wenn man sich ausgemalt hat,
wie die Menschen im Jahr 2000 leben werden,
ist man auf die phantastischesten Dinge gekommen:
Umwälzende technische Erfindungen
werden das Leben total verändert haben,
hat man gemeint.

Fast nichts wird so sein,
wie es jetzt ist,
hat man gemeint.
Alles anders,
alles neuartig,
alles utopisch:
die Bekleidung,
die Ernährung,
der Verkehr...

Eine schöne neue Welt.
Was heute noch Science-fiction ist,
wird im Jahr 2000 Wirklichkeit sein,
hat man gemeint.

Wie heute auf den Autobahnen,
so werden die Menschen dann
mit annähernder Lichtgeschwindigkeit
durch das Weltall rasen.
Probleme, die wir heute noch haben,
werden dann gelöst sein.
Technisch gelöst.
Hat man gemeint.

Wirklich,
eine schöne Welt!
Man kann sich das schön vorstellen.
Man kann davon schön träumen.
Und es gibt genügend Menschen,
die an solche Utopien denken,
wenn sie an die Zukunft denken,
an die Zukunft,
die sie noch erleben werden.

Je näher wir allerdings
diesem magischen Jahr 2000 kommen,
umso weniger phantastisch
erscheint dieses Datum,
umso weniger riecht es
nach Science-fiction,
und umso mehr
müssen wir uns darauf einstellen,
dann zu leben.
Wie gesagt,
die meisten von uns
haben berechtigten Anlaß,
damit zu rechnen,
daß sie das Jahr 2000 erleben werden...

Andere wieder
haben Angst gehabt
vor diesem Jahr 2000.
Sie haben gemeint,
daß die Welt,
wenn sie nicht schon vorher
untergegangen sein wird,
ganz sicher im Jahr 2000 untergehen wird.
Es kann nicht so weitergehen,
sagen sie.
Sie sind Pessimisten.
Alles wird immer schlimmer,
sagen sie,
eine Katastrophe bedroht uns.
Und wenn sie nicht von selber kommt,
dann macht sie eben der Mensch.
Der Mensch,
das gefährliche Wesen.
Die Menschheit,
die sich selber vernichtet...

Es gibt genug Anlaß zur Angst.
Der Dritte Weltkrieg
wurde schon oft beschworen:
wenn sich die großen Staaten
gegenseitig vernichten
mit ihren Atombomben,
wird überhaupt nichts übrigbleiben.
Es wird keine Sieger
und keine Besiegten geben.
Nur die Wüste wird bleiben.

Es wird kein Leben mehr geben.
Die Zivilisation ausgelöscht.
Keine Kultur,
keine Städte,
keine Maschinen.
Alles,
was in Jahrhunderten
und in Jahrtausenden
aufgebaut worden ist,
vernichtet:
keine Kathedralen,
keine Beethovensinfonien,
kein Shakespeare.
Es sei denn,
daß wir noch einmal davonkommen...

Die Weltuntergangspropheten
sterben nicht aus.
Und sie finden alles
bereits vorausgesagt:
im Weltkalender der Azteken
oder bei Nostradamus.
Wie Sibyll und David künden.
Oder Erich von Däniken:
Die Götter waren Astronauten,
die unheimlichen Begegnungen
der dritten Art...
Alles war schon einmal da.
Kulturen und Zivilisationen
gehen unter und setzen sich fort.
Irgendwo im Weltall wird es weitergehen,
irgendwo wird etwas Neues entstehen.

Was ist das für eine komische Welt!
Wird das Paradies anbrechen?
Wird die Sintflut ausbrechen?
Ich weiß es nicht,
ich bin eigentlich
beidem gegenüber skeptisch.

Die Kinder,
die heute geboren werden,
jetzt in diesem Augenblick,
Minute für Minute,
werden im Jahr 2000 erwachsen sein.
Sie werden arbeiten,
Schulen besuchen,
heiraten.
Warum auch nicht?
Ich kann es mir nicht anders vorstellen.
Sie werden Tag für Tag essen,
sich auf den Urlaub freuen,
am Abend müde ins Bett fallen.
Sie werden selber Kinder haben,
Brillen tragen,
Zahnweh haben,
lachen und traurig sein.

Alles an der Schwelle zum dritten Jahrtausend.
Nicht viel anders als jetzt.
Ich werde ja voraussichtlich
auch noch dazugehören
zu dieser Gesellschaft der Zukunft...

Ich lebe heute.
Und ich darf mir Gedanken machen
über meine Zukunft.
Vernünftige Gedanken.
Keine Alpträume
und keine technischen Märchen.
Das Jahr 2000 ist gar nicht mehr so fern.
Manche Kredite
haben heute schon eine Laufzeit
über das Jahr 2000 hinaus.
Also wird es dann
wohl auch Banken geben müssen.
Manche Lebensversicherungen
werden erst nach dem Jahr 2000 fällig.
Also wird es dann
auch noch Menschen geben,
die leben wollen
und die Versicherungssummen
kassieren möchten.
Manche langfristigen Investitionen
werden sich erst im dritten Jahrtausend rentieren.
Wie man sieht,
gehört die Wirtschaft
nicht zu den Furchtsamen und Kleingläubigen...

Alle wollen wir,
daß es weitergeht.
Alle wollen wir
eine schönere Zukunft.
Wenn wir es nicht erleben,
werden es unsere Kinder erleben.

Unsere Kinder sollen es
besser haben als wir.
Fortschritt und Sicherheit,
eine schönere Zukunft,
wir denken wirklich nicht daran,
die Welt zu vernichten.
Es soll weitergehen.

Und trotzdem:
Heute noch kann es passieren,
daß alles aus ist.
Jetzt sofort
kann es passieren,
in ein paar Minuten
kann es zu einer Krise kommen,
in einer Viertelstunde
können überall die Bomben fallen.
Und Europa war,
Amerika war,
China war...
Möglich ist es,
durchaus möglich.
Mit den Kernwaffen,
die es auf der Welt gibt,
kann man die ganze Welt
in die Luft sprengen,
und sogar mehr als das:
der sogenannte Overkill,
die Bomben können mehr vernichten,
als überhaupt da ist...

Aber die Bagger baggern weiter.
Die Preßlufthämmer hämmern weiter.
Die Maurer mauern weiter.
Wohnungen müssen gebaut werden.
Die Menschen wollen
auch im dritten Jahrtausend wohnen.
Auch für die Häuser,
die heute gebaut werden,
besteht die Wahrscheinlichkeit,
daß sie im Jahr 2000 noch stehen...

Es wird sich gar nicht
so viel Grundlegendes ändern können.
Wir werden Wasser brauchen,
ein Badezimmer,
eine Toilette,
eine Küche,
ein Bett,
Luft,
frische Wäsche.
Auch in zwei Jahrzehnten
werden wir den Kindern
das Gehen, das Sprechen,
das Lesen und Schreiben beibringen...

Und wir werden nicht
ewig jung bleiben,
das ist sicher.
Wir werden alt werden,
Falten bekommen,
verkalken,
alle möglichen Beschwerden haben.

Und die Friedhöfe
werden sich auch nicht
abschaffen lassen.

Ich denke nach.
Über die Welt,
in der ich lebe.
Über die Zeit,
in der ich lebe.
Über das vierte Viertel
des zwanzigsten Jahrhunderts...

Es läßt sich nicht leugnen,
daß wir Fortschritte gemacht haben.
Das Leben, das wir führen,
unser ganz gewöhnliches,
alltägliches Leben,
ist zutiefst vom Fortschritt geprägt.
Viele Selbstverständlichkeiten
sind eigentlich relativ jung.
Es ist noch gar nicht so lange her,
da hat es alles das
überhaupt noch gar nicht gegeben,
worauf wir heute
fast schon nicht mehr verzichten können.
Heute wachsen die Kinder
schon längst mit dem Fernsehapparat auf.
Kühlschrank und Waschmaschine
finden sich praktisch in jedem Haushalt.

Auch ein Auto
ist kein Luxusartikel mehr,
sondern ein unentbehrlicher Gebrauchsgegenstand.
Viele Menschen
können sich ein Leben ohne Telefon
gar nicht mehr vorstellen.
Wir haben Spitäler,
Versicherungen.
Rettung, Feuerwehr, Polizei
stehen ständig auf Abruf bereit.
Heute ist uns das alles so selbstverständlich,
daß es sich nicht mehr wegdenken läßt.
Unser Lebensstandard.
Unsere Errungenschaften.
Unsere Zivilisation.
Wo es das alles nicht gibt,
wo es das alles noch nicht gibt,
sprechen wir von Unterentwicklung . . .

In unsere Landschaft
gehört ein Netz von Tankstellen,
ein Netz von Kraftwerken,
ein Netz von Postämtern,
Banken,
Reparaturwerkstätten,
Hotels,
Spitälern
und Supermärkten.
Das ist unsere Welt.
Das alles
erleichtert uns das Leben.

Wir haben den Nutzen
von unseren Errungenschaften.
Wir sind mobil,
flexibel,
dynamisch.
Wir stehen mit der ganzen Welt
in Verbindung.
Fortwährend
starten und landen Flugzeuge,
fortwährend
rasseln die Fernschreiber.
Tag und Nacht
wälzt sich Verkehr
über Straßen und Schienen.

Die Welt ist klein geworden:
Was in Amerika passiert,
was in Japan passiert,
was im Nahen Osten
oder sonstwo passiert,
läßt uns nicht gleichgültig.
Wir sind hineinverwoben
in das große Geflecht der Welt.

Es ist faszinierend!
Das alles hat es früher nicht gegeben.
Die Technik
hat die Welt verwandelt,
hat ein neues Lebensgefühl geweckt.

Millionen von Menschen
können daheim an ihrem Bildschirm
das gleiche Ereignis verfolgen:
Eurovision, Mondovision.
Die Faszination der Massenmedien.
Schallplatten, Tonband, Video,
all das gehört zu unserer Welt.

Unsere Großeltern
haben das alles
noch gar nicht gekannt,
kaum geahnt.
Und auch für unsere Eltern
war das nicht von vornherein
selbstverständlich:
sie haben erst lernen müssen,
damit zu leben,
damit umzugehen,
damit fertigzuwerden.
Aber die Kinder von heute
wachsen ganz selbstverständlich
mit all den technischen Errungenschaften auf.

Es ist faszinierend,
in einer Zeit wie der unsern zu leben.
Vieles ist möglich geworden,
was früher als unmöglich galt.
Heutzutage können wir Leben retten,
das früher ganz sicher verloren war.
Wir haben Sauerstoffmasken,
Herzschrittmacher,
künstliche Nieren.

Eine Blinddarmoperation
gehört heute bereits
zur täglichen Routine
unserer Spitäler.
Es gibt Penicillin,
Gehirnchirurgie und
Herztransplantationen.

Auch sonst gibt es viel zu bewundern.
Computer rechnen für uns,
erleichtern die Arbeit;
der Mensch kann seine Arbeit
an eine Maschine delegieren.
Die sogenannte Automatisation.
Die Fernsteuerung.
Kontroll- und Überwachungsanlagen.
Radar.
Alles viel präziser
als die menschlichen Sinnesorgane.
Und viel schneller.
Ein Programm und ein Knopfdruck,
Input und Output.
Und dabei ist das Komplizierteste
denkbar einfach:
beruht auf der Basis
eines binären Systems...

Überhaupt der große Bereich
der Elektronik:
Transistoren,
Röntgenstrahlen,
Laserstrahlen.

Die Braunsche Röhre.
Man müßte ein Fachmann sein,
um das alles zu begreifen.
Aber wir brauchen gar nicht zu wissen,
wie das alles funktioniert,
es genügt zu wissen,
wie man es bedient.
Knopfdruck,
on und off,
Ergebnisse ablesen...

Und dies alles
ist eigentlich
noch nicht zu Ende.
Alles kann noch
verbessert werden.
Perfektioniert.
Neue Erfindungen,
neue Entdeckungen.

Wo soll das enden?
Ist der Fortschritt unbegrenzt?
Ich weiß es nicht,
ich bin eigentlich skeptisch.

Eine Zeitlang
hat uns der Taumel gepackt,
der Taumel des Fortschritts.
Ein wahrer Rausch.
Alles schien möglich,
alles schien steigerbar.
Ins Unermeßliche.

Amerika
hat man das Land
der unbegrenzten Möglichkeiten
genannt...
Aber dann zeigt sich immer,
wie die Möglichkeiten
doch sehr begrenzt sind.
Es zeigt sich die Grenze.
Die Welt ist nicht unerschöpflich.
Die Rohstoffe sind nicht
im Übermaß vorhanden.
Die Energievorräte
haben Grenzen.
Man muß haushalten,
man darf nicht verschwenden.

Und überhaupt:
Es fragt sich, was wir
mit all dem Fortschritt anfangen.
Das Auto wurde ersetzt
durch ein größeres Auto.
Das größere Auto
wurde ergänzt
durch einen Zweitwagen.
Das Haus wurde ersetzt
durch ein komfortableres Haus,
die Möbel durch noch modernere,
die Küche durch eine noch praktischere.
Und immer wieder
warnende Stimmen,
die sagen:
Es geht uns zu gut.

Zu gut?
In Wirklichkeit
geht es uns
gar nicht so gut.
Es könnte uns
viel besser gehen.
Wir wollen auch,
daß es uns besser geht.
Wir träumen davon.
Der gesteigerte Konsum,
die gesteigerte Industrie:
Wie gut geht es uns wirklich?
Es fragt sich bei all dem:
Was sind die wahren Werte?
Um welcher Dinge willen
lohnt es sich wirklich zu leben?
Was ist der Sinn von all dem?

Was nützt mir das alles,
was ich erreiche,
was nützt es mir,
wenn ich meinen Lebensstandard
derart gesteigert habe,
daß ich jahrelang
wie ein Besessener
arbeiten muß,
um die Kredite
zurückzahlen zu können?

Vor allem,
wenn Krankheit,
Tod
und die Wirtschaftslage
einen Strich durch die Rechnung machen?
Was nützt mir mein Wochenendhaus,
wenn ich keine Zeit habe,
mich dort zu erholen,
weil ich arbeiten muß,
um mir den Überseeurlaub
leisten zu können?
Und was habe ich von meinen Autos,
wenn ich nicht damit fahren kann,
weil es nicht genügend Benzin gibt?

Was ist das für eine komische Welt!
Geht es uns
wie dem Zauberlehrling,
der den Besen als Diener gewinnt,
dann aber von ihm tyrannisiert wird?
Eine komische Welt:
Weil wir uns alles leisten konnten,
hat uns die Freßlust gepackt,
und wir haben Übergewicht bekommen.
Und dann versuchen wir
mit allem erdenklichen Aufwand,
wieder abzumagern.
Und unsterblich
sind wir immer noch nicht geworden...

Heutzutage ist es möglich,
daß stark herzinfarktgefährdete Patienten
mit Hilfe eines Medikaments
zu künstlichen Blutern werden.
Wenn die Gerinnfähigkeit des Blutes
aufgehoben ist,
ist es so gut wie sicher,
daß kein Infarkt auftreten kann.
Aber was ihn rettet,
gefährdet ihn zugleich:
Mit dem einen Fuß
ist er ins Leben zurückgetreten,
dafür steht er jetzt
mit dem andern im Grab:
An der kleinsten Verletzung
kann er verbluten.

Ich denke nach.
Über die Welt,
in der ich lebe.
Über die Zeit,
in der ich lebe.
Wie soll man leben
im vierten Viertel
dieses Jahrhunderts?
Wie soll man leben
in einer Welt wie dieser?
Wie soll man
diese Spannung aushalten?

Ist die Welt gut
oder schlecht?
Lohnt es sich zu leben?
Oder lohnt es sich nicht?

In Österreich
begehen pro Jahr
fast zweitausend Menschen
Selbstmord.
In Österreich,
der Insel der Seligen.
Trotz Lipizzaner,
trotz Heurigen,
trotz Salzburger Festspiele.
Verzweiflung,
Angst,
Leiden.
All das begegnet uns
Tag für Tag.
Schicksalsschläge,
Mißerfolg,
Ablehnung.
Die Welt
ist ein undurchschaubares Geflecht
voller Gegensätze und Widersprüche.
Immer die gleichen Fragen,
immer die gleichen Ängste.
Auschwitz,
Hiroshima
und der Krebs:
Wie kann Gott
so etwas zulassen?

Immer die gleichen Fragen,
immer wieder Erfahrungen,
die uns an die Grenze führen.
Grenzen überall,
wohin wir sehen.
Eine Welt von Grenzen.
Eingegrenzt
zwischen Paradies und Sintflut,
zwischen Katastrophe und Rettung.
Immer wieder stoßen wir
an die Grenze.
Und dann zeigt sich,
was wirklich zählt,
was wirklich wichtig ist,
was wirklich der Sinn ist.
Wie ernst es uns ist.
Mit dem, was wir glauben.
Oder zu glauben meinen...

Ich denke nach.
Über die Welt,
in der ich lebe.
Über die Zeit,
in der ich lebe.
Über das vierte Viertel
des zwanzigsten Jahrhunderts...

III.
Ich habe es gesehen

Martin Gutl

Ich habe es gesehen

Ich habe es gesehen, wie sich die Hände der todkranken krebskranken Schwester vor der Kommunion öffneten, um den Leib Christi innig zu empfangen. Ihr Gesicht begann zu leuchten, verwandelte sich. Wandlung auf dieser Erde, Auferstehung bereits im Kommen.

Die Spende

Jemand stolpert in mein Zimmer, eine Frau, die halb blind ist, kaum dreißig. Sie legt einen hohen Geldbetrag auf den Tisch. Für die Einsamen.
„Keine Angst", sagt sie, „ich habe mich nicht geirrt, ich habe nicht falsch gezählt."
Sie erzählt, daß die Dunkelheit für sie dichter wird.
Trotzdem strahlt sie über das ganze Gesicht.
Und das alles an einem Tag, wo ich sagte: „Es wird mir alles zuviel..."

Herbergsuche

Ich gehe mit dem staatenlosen Gastarbeiter zur Fremdenpolizei. Ich habe eine gesicherte Heimat, er hat ein gesichertes Nichts.
Die Blicke der Beamten, die Grenzen der Barmherzigkeit, Bürokratie und Gnade. Die Versuchung zur Güte und die Versuchung zur Härte begegnen einander.
Er zittert für sich, ich zittere für ihn. Ausgesetzt sein, warten, unsicher werden, zweifeln. Wozu sich für ihn einsetzen, wo er eines Tages doch wieder zurück muß, wohin er nicht will? Weil ich mit seiner Verbitterung nicht zu Rande komme. Ich schaue in seine hoffnungsvollen Augen und feilsche mit ihm um ein paar Monate Aufenthalt. Ein paar Monate wieder Ruhe haben, ein bißchen Glück für einen von vier Milliarden Menschen.

Der Gefolterte

Sie können ihn demütigen, erniedrigen, beleidigen, auslachen, verspotten. Eines können sie nicht: ihm den Glauben nehmen. Sie können ihn angreifen, schlagen, einsperren. Eines können sie nicht: ihm die Seele rauben. Sie können ihn hassen, bekämpfen. Eines können sie nicht: ihn daran hindern, selbst sie noch zu lieben.

Ein Mensch vor mir

Da liegt ein Mensch vor mir, zusammengerollt wie eine Buchrolle, ein Bündel, eine Lebensgeschichte, ein in Lumpen gehüllter Leib, eine in Lumpen gehüllte Seele. Ein Mensch auf der Straße, kein Freund, kein Feind, ein Obdachloser, zum Darübersteigen.
Da ist ein Mensch, der schläft vor mir auf der Straße, ohne Heimat, ohne Freunde, und schläft so ruhig, ruht in seinem guten Gewissen, ruht in Gott.

Die Frucht

Dreiundachtzig Jahre alt, ganz Dienerin geworden. Sie dient, sie gibt, sie schaut mit großen, fröhlichen Augen auf Enkelkinder und Urenkelkinder.
Wie sie die Schuhe putzt, wie sie die Kartoffeln schält: Alles ist Meisterschaft geworden, Meisterschaft in der Hingabe. Wenn das Weizenkorn nicht in die Erde fällt... Hier ist die Frucht. Reife, schöne, saftige Frucht. Frucht dieser Erde: ein Mensch, ein göttlicher Mensch.

Der Bauer

Er trug schon lange den Rucksack. Das Gesicht war faltenreich, die Gestalt war gebückt. Der Boden war karg, und das Zugvieh war langsam. Weit über 70 Jahre alt, ging er noch den Weg zur Kirche. Zwei Stunden lang, Sommer und Winter, den gleichen Weg.
Sehnsüchtig schaute er vom Hügel hinunter, unten lagen die fruchtbaren Äcker der großen Besitzer. Sein Sohn, das einzige Kind, wechselte Lehrplatz um Lehrplatz, er führte ein unstetes Leben. Dann kam ein Unfall, mit fremdem Auto noch dazu, dann kamen Schulden. Er liebte ihn trotzdem, den verlorenen Sohn.
Alles drückte ihn nieder, das Asthma kam mit den Jahren. Dann war es soweit. Er lag im winzigen Raum, nicht viel Licht kam ins Zimmer, er atmete schwer und sank tot zurück. Die Frau stand hilflos daneben. Last um Last hatten sie beide lange getragen, nun trug sie allein.
Er lag auf dem Bett mit einem Gesicht wie gefrorene Erde voll Frühreif, hart, doch mit einer Spur von Erlösung.
Der Sohn sah lange ins Grab, jetzt spürte er erst das Opfer des Vaters. Für ihn war noch Zeit. Da wurde er fleißig, bezahlte die Schulden und erhielt das Haus seines Vaters.

Martyrium heute

Von den Eltern wurde sie verstoßen,
weil sie ein Kind bekam.
Vom Freund wurde sie erpreßt,
sich das Kind nehmen zu lassen.
Die ehemaligen Freunde ließen sie im Stich.
Sie sagt ja zu ihrem Kind.
Sie bekennt sich
zum Leben.

Zum Leben erweckt

Zwei leuchtende Augen vor mir, ein fröhliches Kind, ein Mensch, eine Hoffnung, eine Verheißung. Ich höre noch, wie mir jemand zuflüstert: „Dieses Kind lag bereits in einem Mülleimer; eine Frau aus unserer Nachbarschaft hat es herausgeholt und bei sich aufgenommen. Sie hat es mit unendlich viel Liebe erzogen. Ein lebendiger Beweis, was Liebe möglich macht. . .“
Ich denke: Den du von den Toten auferweckt hast.

Der Selbstmordversuch

Nach tausend mißglückten Versuchen, das Leben lichter zu gestalten, stand er von neuem vor dem Nichts. Nichts trug ihn, nichts stärkte ihn, nichts half ihm. Die Depressionen wurden unerträglich, und er entschloß sich, Schluß zu machen, Kurzschluß zu machen. Am Morgen stieg er in die Berge, und an diesem Morgen, an dem er freiwillig aus dem Leben scheiden wollte, gab es eine so klare Fernsicht wie nur selten. Später sagte er: „Die Berge waren wie Hände." Und je weiter er zum Gipfel hinaufkam, von dem er sich stürzen wollte, umso schwächer wurde sein Wille, sich umzubringen. Die Sonne, die Ruhe, die wunderbare Kraft der Natur verwandelten ihn, und er kehrte um.

Das Leben wurde nicht leichter, aber er war stärker. Die Natur und die Stille und Gott haben ihn überzeugt. Seitdem weiß er, was es heißt: Wer glaubt, wird leben.

Drei Dinge

„Drei Dinge bewahren dich
vor dem Sprung in den Schnellzug",
sagte der Mann, der von seinem
Selbstmordversuch zurückkehrte.
„Kreuz, Anker und Herz."
Anders gesagt:
Glaube, Hoffnung und Liebe.

Ich hatte vorher keine Kraft,
ihn von seinem Entschluß abzubringen.
Ich hatte nur eine Hoffnung:
Wo ich müde bin,
ist ein Anderer stark.

Meine Worte überzeugten ihn nicht.
Aber meine Gebete hatten bereits
das Sprungtuch ausgebreitet.

Das Wachstum

Er hatte seine Freundin verloren und wollte sich töten. Er schrieb einen Abschiedsbrief und hatte noch zwei Tage Zeit. Zwei Tage, wo er ganz gelassen und ohne jede Belastung die Welt und die Menschen sich ansehen wollte. Da sah er eine Blume. Und diese Blume war nicht mehr nur Blume, sondern wurde zur Seele. Er spürte im Blumenstock das Geheimnis des Wachstums. Alles um ihn herum begann ihn anzureden. Er wurde von der Kraft ergriffen, er konnte mit einem Mal wieder staunen, und er war gespannt, was noch alles werden würde.
Er ist Sozialarbeiter geworden und hilft heute anderen, daß sie ja zum Leben sagen können.

Liebe heilt

Wehe denen, die den Menschen neugierig anschauen und ihn nicht lieben. Man sagte zu ihr: „Sie sind eine gute Psychologin", weil sie einen Gefangenen so begleiten konnte, daß er anders wurde in den Jahren der Freundschaft. Da antwortete sie: „Ich habe ihn geliebt, das war alles; ich habe das Wagnis auf mich genommen, abhängig zu werden und mich wieder von der Abhängigkeit zu befreien, um die nächste Stufe der Liebe zu erreichen."
Wenn wir den Menschen zerlegen, merken wir, daß wir nackt sind; wer den Menschen nur rational erforschen will, wird nichts als ein Säugetier finden.

Stehen bleiben

Von einer fröhlichen Runde kommend, gehe ich zum Friedhof. Da stehen zwei Mädchen, die weinen. Sie haben in diesem Jahr den Vater verloren. Und jetzt, nach einigen Monaten, die Mutter: „Wir haben so viel gebetet. Gibt es wirklich keinen Gott?"
Die Frage „Warum?" hat noch nicht ausgedient.
Ich schweige, ich stehe wortlos da als Zeuge Gottes.
Stehen bleiben, das ist meine Antwort.

An der Fülle scheitern

Zu viele Hände!
Zu viele Gesichter!
Zu viele Blicke!
Zu viele Wege!
Zu viele Möglichkeiten!
Zu viele Eindrücke!
Überladen. Überreizt!

Sich begrenzen müssen,
um überleben zu können.
Sich zum Menschsein bekennen.
Sich zum Maß bekehren.

Auf die grenzenlose Hingabe warten.
Halbheiten sammeln
und wissen, langsam
werden wir Menschen.

Warten reinigt und läutert.
Trennt Spreu vom Weizen,
schärft den Blick für das
Wesen der Welt.

IV.
Mitten im Leben umgeben von Tod

Josef Dirnbeck

Ich besuche einen Sterbenden

I.

Ich besuche einen Sterbenden.
Es besteht keine Hoffnung mehr,
daß er gesund wird.
Die Ärzte sind sicher.
Wir müssen uns damit abfinden,
daß er stirbt.
Ich weiß nicht,
was ich ihm sagen soll.
Ich wage nicht, mit ihm
über sein Sterben zu sprechen.

Ohne es auszusprechen,
macht sich jeder von uns
Gedanken über seinen Tod.
Niemand rechnet mehr damit,
daß er gesund wird.
Er spielt immer weniger Rolle für uns.
Er wird uns immer mehr eine Last.
Wir beginnen,
uns auf die neue Situation
einzustellen.
Ohne es zugeben zu wollen,
warten wir schon darauf,
daß er endlich stirbt.
Wir haben uns bereits
mit seinem Tod abgefunden.
Schon ist es so,
als wäre er wirklich gestorben.

Im Grund bin ich froh,
daß er im Spital liegt.
Ich bin dankbar,
daß es Ärzte und Krankenschwestern gibt.
Die haben Routine
im Umgang mit Sterbenden.
Ihnen macht es nichts aus,
sie erleben es täglich.
Ich freue mich,
daß die Besuchszeit vorbeigeht.

II.

Wenn ich bei ihm bin,
weiß ich nicht, was ich sagen soll.
Ich kann doch nichts dafür,
daß er stirbt.
Schließlich lebt er ja noch.
Die Ärzte tun alles für ihn.
Schließlich ist er in besten Händen.
Wenn er mit mir
von seinem Tod zu sprechen beginnt,
wehre ich ab:
Er soll doch nicht
an so etwas denken,
dafür ist es viel zu früh.
Er wird doch nicht zweifeln,
daß er gesund wird.
Ich mache ihm Vorwürfe,
weil er an seinen Tod denkt.
Ich mache es ihm nicht leicht,
damit es für mich bequemer ist.

Ich möchte nicht,
daß er stirbt.
Wirklich nicht.
Aber ich habe mich schon
mit seinem Tod abgefunden.
Es ist schwierig für mich:
Ich will, daß er lebt,
aber gleichzeitig will ich,
daß er stirbt.
Es wäre eine Erlösung.

III.

Ich weiß nicht,
was ich ihm sagen soll.
Ich habe selber Angst vor dem Tod.
Er will, daß es nicht aus ist.
Er möchte von mir die Bestätigung,
daß es nicht wahr ist.
Er möchte von mir versichert haben,
daß ich an sein Leben glaube.
Ich will ihn nicht belügen,
aber ich weiß nicht,
was ich wirklich sagen soll.
Ich kann ihm nicht sagen,
daß ich an seine Gesundheit glaube,
weil ich weiß, daß er stirbt.
Ich kann ihm auch nicht sagen,
daß ich ihn aufgegeben habe,
weil ich ihn noch immer nicht aufgeben will.
Lieber rede ich harmlos mit ihm
und versuche ihn abzulenken.

Dabei kommt es darauf an,
ihm gerade jetzt zu helfen,
ihm seine Lage erträglich zu machen.
Ich will, daß er spürt,
daß ich ihn nicht verlasse.
Ich möchte etwas tun,
um ihm Vertrauen zu geben.
Ich möchte ihm zeigen,
daß ich noch zu ihm stehe.

Ich bin krank

I.

Ich bin krank.
Ich leide sehr.
Ständig brauche ich Hilfe.
Nicht einmal die einfachsten Handgriffe
bringe ich fertig.
Um alles muß ich bitten.
Ich möchte nichts als gesund sein.

Ich möchte nicht wahrhaben,
daß ich krank bin.
Dauernd will ich so tun,
als sei ich gesund.
Aber ich ermüde so rasch,
und nichts interessiert mich wirklich.
Die Zeit vergeht,
ohne daß ich etwas tue.
Alles, was ich hier machen kann,
sind Scheintätigkeiten.
Das lähmt mich.
Ich kann immer nur
über meinen Zustand nachdenken.

Ich freue mich über die Besuche.
Aber meistens
kommen zu viele auf einmal.
Mit keinem kann ich wirklich reden.
Dann bin ich wieder froh,
wenn sie weg sind.
Aber wenn niemand kommt,
bin ich traurig.

Die Gespräche mit den Besuchern
sind auch nicht erfreulich.
Alle reden sie
so betont heiter mit mir,
um mich meine Krankheit
vergessen zu lassen.
Ich muß mitspielen
und mich fröhlich zeigen.
Aber gerade ihre zuvorkommende Art
erinnert mich ständig
an mein Kranksein.

Ich hasse diese Gespräche.
Sie wissen nicht,
wie sehr mich
dieser Plauderton schmerzt.
Sie zeigen mir ständig,
was ich nicht wahrhaben will:
daß ich krank bin
und daß das Leben
trotzdem weitergeht,
auch ohne mich.

Früher
habe ich nie bemerkt,
daß ich ersetzbar bin.

II.

Ich habe Angst
vor den Gesunden.
Ich fürchte,
daß man mein Leiden
nicht ernst nimmt.
Ich fühle mich
in die Ecke gedrängt
und beiseite geschoben.
Ich bin unwichtig geworden.
Es schmerzt mich zu erfahren,
daß es auch ohne mich geht.

Auch wenn ich jetzt sterbe,
macht es nicht viel aus.
Wahrscheinlich
reden sie alle
insgeheim ohnehin schon
von meinem Tod.

Im Grunde möchte ich nur hören,
wie sehr ich ihnen fehle.
Aber wenn sie mir sagen,
wie sehr ich ihnen fehle,
glaube ich ihnen nicht.
Alles, was sie mir sagen,
kommt mir geheuchelt vor.
Am liebsten würde ich
sie alle beschimpfen.
Was ich will,
ist ganz einfach,
daß ich ihnen wirklich fehle.

III.

Ich bin ungerecht
mit meinem Mißtrauen
gegen sie.
Freilich freuen sie sich,
wenn ich gesund werde.
Freilich erwarten sie,
daß ich möglichst bald
aus dem Krankenhaus
entlassen werde.

Es ist gar nicht so angenehm für sie,
mich hier zu besuchen.
Sie geben sich viel Mühe mit mir.
Meine Befürchtungen
sind ausgesprochen lächerlich.
Sie nehmen sich Zeit für mich.
Es ist anstrengend für sie,
auch wenn sie mir sagen,
wie gerne sie kommen.
Ich weiß aus Erfahrung,
daß Spitalsbesuche lästig sind.
Ich habe doch auch selbst
schon oft Krankenbesuche gemacht.

Vielleicht ist vieles
von dem, was ich tue,
nur der Versuch,
auf mich aufmerksam zu machen,
ihnen zu zeigen,
daß ich auch noch wichtig bin.

Ich rechne
mit ihrem Schuldgefühl,
um sie zu zwingen,
sich mir zu widmen.

Mein Kranksein
irritiert mich.
Ich bin meiner selbst
nicht mehr sicher.
Ich finde kein rechtes Verhältnis
zu meiner Krankheit.
Einerseits will ich so tun,
als sei ich gesund,
andererseits tue ich so,
als sei mein Zustand
das Entsetzlichste auf der Welt.
Beides hilft mir nicht weiter.

Im Grunde
finde ich auch
kein rechtes Verhältnis
zu meinem Leben.
Das fällt mir jetzt auf,
wo ich krank bin.
Ich müßte es lernen,
meine Situation
als das zu nehmen,
was sie ist,
nicht nur jetzt,
sondern überhaupt.
Wenn ich es recht bedenke,
ist meine Krankheit eine Chance.

Meine Ehe ist nicht mehr das, was sie einmal war

Meine Ehe ist nicht mehr das,
was sie einmal war.
Es schmerzt mich,
das einsehen zu müssen.
Ich trauere der Zeit nach,
wo wir in Harmonie lebten,
wo es keine Probleme gab,
wo ohne viel Worte
Einverständnis bestand.

Manchmal habe ich den Eindruck,
mit einer fremden Person
zusammenzuleben.
Und immer wieder erlebe ich,
um wieviel vertrauter mir
fremde Menschen sind,
und dann merke ich,
wie ich bei denen
das ursprüngliche Erlebnis suche
und wiederzufinden hoffe:
das Vertrauen auf den ersten Blick,
das totale Verständnis,
das keiner Worte bedarf.

Früher habe ich geglaubt,
hier ist endlich ein Mensch,
der mich wirklich versteht.
Es gab zwischen uns
so viel Gemeinsamkeit.
Wir haben einander viel gegeben,
aber jetzt fürchte ich,
wir haben einander
nichts mehr zu sagen.

Wir streiten nicht miteinander,
wir haben nie Krach.
Im Grunde haben wir
vor Auseinandersetzungen Angst.
Was mich betrifft:
Ich bin nicht nachtragend,
ich kann verzeihen.
Mich braucht man nicht mit Glacéhandschuhen
anzufassen.
Aber das ist es gerade:
Wir haben einander nichts zu verzeihen,
nur wird die Differenz
zwischen uns immer größer.
Wenn wir so weitermachen,
sind wir auf dem besten Weg,
uns total zu entfremden.
Und ich bin nicht imstande,
etwas dagegen zu tun.
Ich unternehme
gar nichts.
Statt dessen trauere ich
um den Beginn unserer Beziehung.
Tag für Tag warte ich
auf irgend etwas,
und es passiert nichts.
Ich ergreife keine Initiative
und verhalte mich ganz so,
als müßte ich versöhnt werden.
Ich warte, bis man mir
fünf Schritte entgegenkommt,
ehe ich einen mache.

Was meine Freunde betrifft

I.

Was meine Freunde betrifft,
so muß ich sagen:
Ich bin froh,
Freunde zu haben.
Ich brauche Menschen,
die mich akzeptieren.
Es gibt mir Sicherheit,
wenn jemand so denkt wie ich.
Meine Freunde
teilen meine Überzeugungen,
interessieren sich
für meine Hobbys.
Sie tolerieren
meine Eigenheiten.
Meinen Freunden
kann ich vertrauen.
Wir wissen einer vom anderen,
daß auf uns Verlaß ist.

Auf manche Freunde
bin ich richtig stolz;
es wertet mich auf,
daß ich mit ihnen befreundet bin.
Andere Freunde zählen nicht
zu meinen wirklichen Freunden,
aber ich muß sie in Kauf nehmen,
weil sie die Freunde von Freunden sind.

II.

Es kommt auch vor,
daß mir meine Freundschaften
lästig werden.
Ich habe Verpflichtungen
meinen Freunden gegenüber.
Oft kann ich mich kaum
meinen eigenen Interessen widmen,
weil ich so viel Zeit
für meine Freunde brauche.

Vieles mache ich nur
meiner Freunde wegen.
Außerdem kann ich mich nicht
mit allem und jedem identifizieren.
Gelegentlich komme ich mir
sogar ausgenutzt vor.
Dann leide ich an meinen Freunden.

Wir sind angewiesen
auf unsere Freundschaft,
aber wir sind ihrer
nie ganz sicher;
wir müssen uns immer wieder bestätigen,
daß wir Freunde sind.
Wir brauchen Geschenke,
Einladungen, Lob, Aufmerksamkeiten.
Keiner möchte ausgeschlossen sein,
keiner möchte danebensitzen.

III.

Wenn ich mich frage,
wer wirklich mein Freund ist,
zu wem ich wirklich
unter allen Umständen
und mit jedem Problem kommen kann,
auf wen ich mich tatsächlich
in jeder Lage verlassen kann,
dann fällt mir die Antwort schwer.
Viele meiner Freunde
scheiden sofort aus,
und bei den anderen
weiß ich auch nicht recht.
Ich habe meine leisen Vorbehalte.
Für jeden von ihnen
würde ich nicht unbedingt
meine Hand ins Feuer legen.
Früher war ich da sicherer,
aber mit der Zeit
hat sich mein Bild von jedem geändert:
Wenn es darauf ankommt,
ich wüßte von jedem Nachteiliges.
Sollten sie mir eines Tages dazu Anlaß geben,
wäre ich durchaus imstande,
meine Freunde zu verraten.

Umgekehrt:
Was mich als Freund betrifft,
für wen bin *ich* denn
ein wirklicher Freund?
Ich muß zugeben,
ich hätte Vorbehalte.
Ich weiß nicht,
für wen ich alles täte.
Ich weiß nicht,
ob man sich auf mich
total verlassen könnte.
Ich weiß nicht,
zu wem ich stehen würde,
jederzeit und unbedingt.

Meine Gegner machen es mir nicht leicht

I.

Meine Gegner machen es mir nicht leicht.
Sie zwingen mich
zu einem Konkurrenzverhalten.
Immer muß ich reagieren.
Ich muß jede Situation
für mich ausnützen,
ich darf mir keine Chance
entgehen lassen.
Ich muß auf der Hut sein.
Alle Schritte muß ich mir
genau überlegen.
Man darf mir
keinen Strick drehen können.
Ich darf mir keine Fehler leisten.
Ich muß darauf achten,
daß ich eine reine Weste habe.
Merkwürdig, aber wahr:
Meine Gegner sorgen dafür,
daß ich moralisch bin.

Bei allem, was ich unternehme,
muß ich einkalkulieren,
was man gegen mich haben könnte.
Ich bin überhaupt kein freier Mensch mehr.
Ich muß mich absichern,
wirkliche Fehler geheimhalten
und Affären vertuschen.
Meine Gegner machen aus mir
einen Heuchler.

Nie darf ich so reagieren,
wie mir zumute ist;
alles muß ich
unter bestimmten Rücksichten tun,
denn man könnte mir selbst Harmloses
als Fehler ankreiden.

Man glaubt mir nämlich gar nicht,
wie harmlos und wie gutmütig
ich in Wirklichkeit bin.
Ich will doch gar nicht
rücksichtslos sein.
Auch ich verabscheue Gemeinheiten,
auch mir ist Haß widerlich.
Aber was kann ich denn schon tun!
Würde ich etwas Versöhnliches unternehmen,
würde man es mir sofort als Schwäche auslegen.
Davor habe ich Angst.
Ich darf meinen Gegnern nicht recht geben.
Sie haben es auf mich abgesehen,
und ich muß mich wehren.
Ich muß um meinen Erfolg kämpfen,
daher muß ich nach Möglichkeit dafür sorgen,
daß sie keinen Erfolg haben.
Ich habe keine andere Wahl.
Es muß sich doch zeigen,
wer der Mächtigere und Einflußreichere,
wer der Bessere,
wer der Überlegene ist.

II.

Ich gebe durchaus zu,
daß ich es bin,
der sie zu ihren Gemeinheiten zwingt.
Ich mache auf sie den gleichen Eindruck
wie sie auf mich.
Im Grunde haben meine Gegner recht,
wenn sie mich hassen:
Ich mache mich ja hassenswert.
Ich gebe ihnen ja fortwährend Anlaß,
daß sie mich bekämpfen müssen.
Ich verhalte mich völlig so,
wie sie es erwarten.
Druck beantworte ich mit Gegendruck.
Auf Angriffe reagiere ich mit Angriffen.
Jeden Vorteil nütze ich aus,
der kleinste Sieg ist mir wichtig genug.

Aber ich kann doch nicht einfach nachgeben,
ich darf mich doch nicht plötzlich ändern.
Darauf warten die doch nur.
Ich muß darum kämpfen,
nicht zu unterliegen.

Genaugenommen
geben wir ja unsere Feindschaft nicht zu,
wir halten uns peinlich
an die Spielregeln der Höflichkeit.
Die gesellschaftlichen Umgangsformen
ermöglichen uns,
überhaupt noch miteinander zu verkehren,
ohne daß wir uns ohrfeigen.

Wir sind nicht offen aggressiv,
aber wir haben unsere Tricks.
Wir lassen einander schon merken,
wie wir zueinander stehen.
Wir stellen uns Fallen und sind stolz,
wenn der andere in unsere Grube fällt.
Wir triumphieren,
wenn einer stolpert.

Wenn ich ehrlich bin,
muß ich zugeben,
daß ich nicht ruhen und rasten würde,
bis meine Gegner allesamt völlig erledigt sind.
Erst ihr totaler Ruin
wäre mein endgültiger Sieg.
Dann wäre auch meine Feindschaft erledigt,
und mein Haß hätte sich erübrigt.

III.

Ich weiß nicht,
ob es mir je gelingen könnte,
aus meinen Gegnern Freunde zu machen.
Es heißt zwar,
man soll seine Feinde lieben
und denen Gutes tun,
die uns hassen,
aber das ist leichter gesagt
als getan.
Wie soll ich ihnen plötzlich
vertrauen können?

Ich müßte mich doch immer fragen,
ob ihre Freundlichkeit
nicht vielleicht
einen heimtückischen Zweck hat.
Ich weiß auch nicht,
ob ich je bereit sein könnte,
zu verzeihen.
Mein Gedächtnis ist sehr gut,
was meine Eitelkeit betrifft,
meine Kränkungen
sitzen tief in mir.
Meine Mißerfolge kann ich nicht
so mir nichts, dir nichts vergessen.

Aber es ginge darum,
daß ich es zumindest fertigbringe,
mich nicht zur Feindseligkeit
erpressen zu lassen.
Aber ich darf mich auch nicht
anbiedern wollen.
Ich dürfte nicht ständig
der Beleidigte sein,
ich müßte es einmal akzeptieren,
auch der Unterlegene zu sein.
Es würde schon genügen,
ein bißchen weniger zu triumphieren,
wenn ich der Überlegene bin.

Ich müßte es schaffen,
den Haßmechanismus
außer Kraft zu setzen.
Aber da müßte eben doch ich es sein,
der den ersten Schritt macht.
Wirklich, meine Gegner
machen es mir nicht leicht.

V.
Es ist ganz etwas anderes

Martin Gutl

Es ist ganz etwas anderes

Es ist ganz etwas anderes, Erzählungen vom Durchgang durch das Rote Meer in der Bibel zu lesen, als dieselben Szenen in einem Hollywoodfilm zu bewundern. Und es ist ganz etwas anderes, selber vor dem Schilfmeer zu stehen und im Hintergrund die herandrängenden Scharen feindlicher Mächte zu spüren, die dich nicht mehr schlafen lassen, die dir nur mehr einen Ausweg offen lassen: den Weg mitten durchs Meer.

Unumgänglich

Ein Prophet, der nicht dorthin geht,
wohin Gott will, daß er gehen soll: Jona.
Er landet im offenen Meer. Im Walfisch.
Im Walfisch denkt er um, dann ist Jona bereit,
den Auftrag Gottes auszuführen.
Der Walfisch ist unumgänglich für den Zweifler.

An der Grenze

An der Grenze zwischen dem An-sich-Reißen und dem Sich-Loslassen beginnt man das Übernatürliche zu spüren, entwickelt sich der Blick für das Jenseits mitten im Diesseits. An der Grenze von Sein und Haben beginnt die Seligkeit der unerfüllten Sehnsucht.

Der Weg zu Gott

Die Algen sind mühelos zu erreichen. Wer Perlen sucht, muß tiefer tauchen. Wer Gott finden will, muß in die Stille gehen.

Neu anfangen

Einen neuen Weg suchen durch das Gestrüpp hindurch. Müdigkeit und Sehnsucht. Enttäuschte Menschen sind vorbereitet für eine neue Hoffnung. Sie haben noch nicht ausgeträumt, sie sind nur enttäuscht. Sie warten auf jemanden, der sie anspricht.
Wo sie Antworten suchen, hören sie nichts außer Lärm, außer Geschwätz. Wo sie Gott suchen, finden sie nichts außer habgierigen Menschen, Phrasendreschern und Pharisäern. Sie suchen Gott nicht, wo er zu finden ist, wo das Neue begonnen hat: das Schreien der Menschen, Geburtswehen für das Neue.

Leben dürfen

Fallen und aufstehen. Ankommen, heimkommen, sich selbst verändern. Sich selbst verwirklichen, sich verfehlen und sich wiederfinden, sich suchen, nichts finden, tot sein, schlafen, wieder wach werden, ja sagen im Nein, nein sagen im Ja. Mensch sein, in Gott sein, alles sein. In der Liebe sich erleben können, in der Liebe sich selbst finden können, in der Liebe sich verlieren, in der Liebe sich hingeben, in der Liebe Gott wiederfinden, wieder zurückfallen ins Nichts, aufstehen aus dem Nichts, leiden, gelitten haben, strahlen können.

Nicht allein

In der Not, in der Schwäche sich daran erinnern, wie Maria unter dem Kreuz stand, wie Josef in der Zisterne lag, wie Jeremia im Block, wie Jona im Bauch des Fisches stak, wie Abraham mit Isaak vor dem Opferaltar stand, wie Mose vor dem Meer stand mit den Ägyptern im Rücken, wie David vor Goljat trat, wie Petrus im Gefängnis saß, wie Jesus auf dem Ölberg kniete.

König

Auf Golgota steht das Kreuz mit der Aufschrift: „König der Juden".
Was für ein König! Ein König der Bettler, ein König der Gescheiterten, ein König der Verurteilten, ein König der Geschlagenen, ein König der Verbannten.
Ein seltsamer König: „Ich werde alles an mich ziehen, wenn ich erhöht sein werde." Blutströme, Tränenbäche der Erde, ich werde alles an mich ziehen!

Barock

Triumph der Figuren bis ins Detail.
Geschwungene Form, alles ist Jubel.
Sie stehen da,
die Tanzenden vor griesgrämigen Betern,
die fröhlichen Heiligen.

Die Mariensäule

Hoch oben steht sie, gekrönt, mit gefalteten Händen, und schaut hinunter auf die kleine Gasse der Großstadt. Ihre Hände sind gefaltet, die Hände der Menschen geschäftig, hektisch, einige sind verkrampft, einige haben in den Kirchen die Hände gefaltet und Worte gesagt, die lange brauchen, um verstanden zu werden, Fremdworte inmitten der Stadt, Worte einer Mystik: Maria, Jungfrau...

Votivtafeln

In einem Winkel des Wallfahrtsortes eine Statue. Galerien von Kerzen, eine Ansammlung von Bildern und Marmortäfelchen mit Aufschriften: Maria hat geholfen. Maria wird wieder helfen. Dokumente des Vertrauens. Krücken und Worte der Dankbarkeit. Die Wände sind schwarz vom Rauch der Kerzen. Überwundene Angst, verborgene Not, eingelöste Versprechen.
Mensch und Gott verständigen sich mit einfachen Zeichen.

Die Predigt des Körpers

Das Wort muß Fleisch werden. Die Hände sind die Botschafter der Seele. Der Blick, der Händedruck, das Lächeln, ein aufrechtes Dastehen, ein gebücktes Zuhören — das alles sind Predigten des Evangeliums Jesu Christi.

Mose und die Wüste

In den klaren, sternhellen Nächten der Wüste hat sich Mose gefragt: „Warum sind wir weitergezogen? Was hat mich dazu gebracht, ein Leben lang in der Wüste zu sein?"
Als er mit dem Blick auf das Gelobte Land starb, wußte er, warum.

Zweifel

Der verwehrte Einzug ins Gelobte Land für den zweifelnden Mose. Jahrzehntelanges Umherirren der Israeliten in der Wüste. Die versteinerte Frau des Lot. Jona im Bauch des Walfisches. Der stumme Zacharias. Der untergehende Petrus. Der Verräter Judas.
Wer zweifelt, stirbt. Wer glaubt, lebt.

Bequem

Wer den Zugvögeln die ermüdenden Flüge über das Meer ersparen möchte, wer den Wolf in einen Käfig sperrt, um ihn von seinen anstrengenden Beutezügen zu erlösen, wer ein Kind von allen Widerständen fernhalten will, wird das Lebendige töten, wird den Menschen zum Krüppel erziehen.

Diesseits und Jenseits

Eine Gesellschaft von Verleumdern,
Beleidigten, Gereizten, Heuchlern, Lügnern,
und im gleichen Wohnblock
eine Gesellschaft von Gereiften, Wahrhaftigen,
Nachdenklichen, Friedensstiftern.
Diesseits und Jenseits, in einem Wohnblock.

Jetzt oder nie

Die Uhr schlägt jetzt. Die zeigerlose Uhr wartet auf uns, die andere Zeit, die Ewigkeit. Jetzt zueinander kommen; Zeit haben, miteinander zu gehen. Jetzt an sich arbeiten, jetzt mit den Spannungen, mit Liebe und Haß, mit Entfremdung und Zuneigung leben und jetzt glauben, wo alles noch unsicher ist. Jetzt, jetzt sich bewähren, nicht erst in der Ewigkeit. Jetzt hoffen, wo wir noch nichts sehen von Gott. Jetzt an den Menschen glauben, wo nichts anderes da ist als ein Verbrecher, jetzt, nicht erst dann, wenn er heilig ist.

Heute noch

Heute noch miteinander reden. Zurückgehen, das Gespräch von neuem beginnen. Morgen könnte einer von uns tot, stumm, blind, gelähmt sein. Heute noch zurückgehen, noch einmal hören, sich überwinden, verzeihen, das Urteil über einen Menschen aufheben.
Heute noch, die Sonne wird über zwei Versöhnten untergehen.

In der Nacht

Von ferne trösten dich Sterne, von innen hörst du Worte, Worte der Bibel, uralte Worte, hörst du den ewigen Gott im zuckenden Leib zu dir reden. Du wirst ruhig, die Eiswelt beginnt zu tauen, du wirst gelöst, du schaust mit Freude hinaus ins All, du hörst mit Andacht hinein in das Tiefe.
Von ferne trösten dich Sterne, aus der Tiefe hörst du die Stimme Gottes.

In einem gotischen Dom

Ich stieg Stufe um Stufe die Wendeltreppe hinab. An der Wand hingen Bilder: Jakob auf der Flucht vor Esau, Mose mit den Israeliten im Meer, der tote Saul, David auf der Flucht vor seinem Sohn Absalon, die blutenden Makkabäer, Jesus am Kreuz, das zerstörte Jerusalem. Da hörte ich Sklaven schreien, da sah ich die Leichenfelder der Kreuzzüge, zerbombte Städte, brennende Ghettos. Und ich hörte die Worte der Apokalypse: Fürchte dich nicht, ich war tot, siehe, ich lebe! Ich habe die Schlüssel des Todes und der Unterwelt in meiner Hand...

Das himmlische Jerusalem

Heute auf dem Ölberg und morgen in Jerusalem. Heute im Dunkeln und morgen in der beleuchteten Stadt. Die Stadtmauer mit dem goldenen Tor. Stadt der Ökumene, gekrönt mit den Kuppeln der Moscheen. Stadt der Kirchen, Stadt der Verheißung. Im himmlischen Jerusalem gibt es keine Moscheen, keine Kathedralen und keine Tempel. Stadt Gottes, Stadt der vollendeten Menschen.

VI.
Jesus

Josef Dirnbeck

I.

JESUS,
Mensch unter Menschen,
Mann mit einer Geschichte,
mit Geburtsdatum und Todesursache,
mit Hautfarbe und Nationalität,
mit Rednertalent und Zivilcourage
und mit einem Anspruch!
Jesus,
engagiert für die Menschen,
für alle, ausnahmslos alle,
freundlich zu den Unfreundlichen,
bekümmert über die Kümmerlichen
und unerbittlich gegenüber
moralischen Schwindlern
und religiösen Falschspielern!
Jesus,
Mensch unter Menschen,
vertraut und vertrauenswürdig,
der die liebt, die niemand liebt,
der denen zuhört,
auf die niemand hört,
der Mitleid mit denen hat,
die kein Mitleid haben!
Wem sollten wir glauben,
wem, wenn nicht dir!

Dir glauben wir,
ängstlich, wie wir sind,
eingeschüchtert vom Mißerfolg,
mißtrauisch aufgrund von Erfahrung,
skeptisch,
risikoscheu,
resigniert.
Dir glauben wir,
wenn du sagst:
„Dein Glaube hat dir
geholfen."
Dir glauben wir,
daß du uns annimmst,
so wie wir sind,
damit wir nicht bleiben,
so wie wir sind.

II.

JESUS,
Mann der Perspektive,
mit der Botschaft von dem,
was kommt,
mit dem Blick für das
Hier und Jetzt,
mit einer Leidenschaft
für die Wirklichkeit
und mit einer Leidenschaft
für das Verwirklichen!

Jesus,
engagiert für die Welt,
unermüdlich am Werk,
voll von Impulsen,
erfüllt mit einer Kraft,
die alles neu macht!
Jesus,
vertraut und vertrauenswürdig,
der den Mut nicht verliert,
wenn es Widerstände gibt,
für den klein beigeben
niemals in Frage kommt!
Wem sollten wir glauben,
wem, wenn nicht dir!

Dir glauben wir,
passiv, wie wir sind,
voll von der Sehnsucht
nach besseren Zuständen,
aber hoffnungslos verstrickt
in unsere Welt,
verwaltet von unseren Zwängen,
Untergebene unserer eigenen
Konstruktionen,
süchtig nach Autoritäten,
vernarrt in Institutionen,
mit dem Bedürfnis,
alle Verantwortung abzuschieben.
Dir glauben wir,
wenn du sagst:

„Suchet zuerst das Reich Gottes,
und alles andere wird euch
hinzugegeben werden!"
Dir glauben wir,
daß du uns so weit bringst,
daß wir anfangen können,
mit der Welt etwas anzufangen.

III.

JESUS,
provozierend
in jeder Hinsicht,
die Kehrtwendung fordernd,
die Neuorientierung,
überzeugt von der Sprengkraft
der Liebe!
Jesus,
der eine Liebe predigt,
die keine stille Stunde mehr kennt,
eine unermüdliche Liebe,
die nicht mehr aufhören kann,
weil sie ständig beginnt!
Jesus,
vertraut und vertrauenswürdig,
von einer packenden Radikalität
und von einer mitreißenden Geduld,
grenzenlos im Einsatz für andere,
selber am konsequentesten
in der Befolgung der eigenen Worte!
Wem sollten wir glauben,
wem, wenn nicht dir!

Dir glauben wir,
bequem, wie wir sind,
verliebt in die Kompromisse,
dauernd bestrebt,
uns zu arrangieren,
zurückzuhalten
und zu entschuldigen,
provoziert von der Forderung,
umzudenken,
ein neues Leben zu führen
und den Egoismus
zu verlieren.
Dir glauben wir,
wenn du sagst:
„Wenn ihr nicht umkehrt
und werdet wie die Kinder,
werdet ihr nicht
in das Himmelreich eingehen."
Dir glauben wir,
daß uns dein Geist
zur Umkehr begeistert,
damit uns die Hoffnung erfinderisch
und damit uns die Liebe
tätlich macht.

IV.

JESUS,
Mann des Unausweichlichen,
der nicht ausweicht,
der standhält
und der besteht!

Jesus,
der alles mitmacht,
mit dem Opfer auf du und du,
der alles für alle tut,
der sich selber aufs Spiel setzt
und dort gewinnt,
wo er alles verliert!
Jesus,
vertraut und vertrauenswürdig,
der hergibt, was nur herzugeben ist,
der das Letzte nicht scheut,
der sein Ende annimmt
und dort den Anfang setzt,
wo alles aus ist,
indem er den Schlußstrich
zum Auftakt macht!
Wem sollten wir glauben,
wem, wenn nicht dir!

Dir glauben wir,
verzweifelt, wie wir sind,
bedroht vom Chaos,
irritiert vom Leiden,
erschöpft vom ewigen Fragen,
zu blind, zu taub und zu stumm,
um Antwort geben zu können,
verstört,
verzagt
und vernagelt.
Dir glauben wir,
wenn du sagst:

„Wer sich selbst erhöht,
wird erniedrigt werden,
und wer sich selbst erniedrigt,
der wird erhöht werden!"
Dir glauben wir,
daß du für uns
dort aushältst,
wo nichts mehr zu holen ist,
damit wir dich einholen können.

V.

JESUS,
der lebendige Gottesbeweis,
anstößig in seiner Direktheit,
ein Skandal für die Ideologen,
eine Zumutung für die Scheinheiligen
und eine Antwort für alle,
die ihm antworten!
Jesus,
unglaublich glaubwürdig,
gefragt und fraglich für viele,
der den Zweiflern zu denken gibt,
der die Selbstsicheren irritiert,
der das Fragen nicht verbietet,
sondern fordert,
und der die Wahrheit nicht verwahrt,
sondern bewährt!

Jesus,
der seinen Weg geht
von Betlehem bis Jerusalem,
von der Krippe zum Kreuz,
der dort den Weg anbahnt,
wo kein Ausweg scheint,
und der die Kluft
zwischen Gott und Mensch
überwindlich macht!
Wem sollten wir glauben,
wem, wenn nicht dir!

Dir glauben wir,
begriffstutzig, wie wir sind,
gepeinigt von Ängsten,
genarrt von Illusionen,
mit Trotz, Wut und Resignation
ganz in unserem Element,
zu blind,
um durchzublicken,
und zu blind,
um unseren Augen zu trauen.
Dir glauben wir,
wenn du sagst:
„Wer mich sieht,
der sieht auch
den Vater."
Dir glauben wir,
daß du uns zeigst,
welchen Vater wir haben,
weil du unser Bruder
geworden bist.

VI.

JESUS,
Mann der Nähe,
immer mit uns,
nie gegen uns,
immer für uns,
immer in Führung!
Jesus,
Mann der Begegnung,
der sich absolut einsetzt,
der sich dem Widerstand aussetzt,
der gehaßt wird,
weil er gut ist,
der in Konflikt kommt,
weil er Konflikte schlichtet!
Jesus,
vertraut und vertrauenswürdig,
der die fertigen Bilder sprengt
und die Einbildungen bricht,
der begreiflich macht,
was der Begriff nicht ergreift,
und der sich traut,
wo wir kein Zutrauen haben!
Wem sollten wir glauben,
wem, wenn nicht dir!

Dir glauben wir,
isoliert, wie wir sind,
auf vielerlei Weise verwaist,
vereinsamt,
angeekelt
und gierig nach Nähe,
ungehalten,
weil uns nichts hält,
ungeborgen,
weil sich alles verbirgt,
unheilvoll scheintot
und scheinauferstanden.
Dir glauben wir,
wenn du sagst:
„Ich bin bei euch
alle Tage
bis ans Ende der Welt."
Dir glauben wir,
daß du uns nahe bist
und daß uns
deine Nähe ernährt.

VII.

JESUS,
Initiator einer Geschichte,
die nicht mehr zu bremsen ist,
Auftraggeber mit einem Auftrag,
der unendlich viel Arbeit gibt!

Jesus,
der die Saumseligen ankurbelt
und den Lahmen Beine macht,
der jeden in Dienst nimmt,
weil er alle bedient,
der will, daß alle lieben,
weil er alle liebt!
Jesus,
dessen großartige Sache weitergeht,
weil seine Sache am weitesten geht!
Wem sollten wir glauben,
wem, wenn nicht dir!

Dir glauben wir,
widersprüchlich, wie wir sind,
gutwillig,
aber zu feige zum Einsatz,
mit den besten Absichten,
aber ungeschickt,
entschlossen,
aber inkonsequent.
Dir glauben wir,
wenn du sagst:
„Geh, verkaufe alles, was du hast,
und gib es den Armen,
und komm und folge mir nach!"

Dir glauben wir,
wenn du uns zur Nachfolge rufst,
weil du uns zeigst,
daß wir das Ziel nur erreichen,
wenn wir umkehren,
und daß wir,
wenn wir zum Ziel umgekehrt sind,
freigesetzt sind
zum Einsatz für dich.

VIII.

JESUS,
Ansporn nach vorn,
mit dem Blick auf den Hintergrund
der Kulissen
und mit den zupackenden Händen
des Zimmermannssohns!
Jesus,
der die Tagträumer aufweckt
und der die Phantasten lehrt,
ihre Hände zu gebrauchen!
Jesus,
Ansporn nach vorn,
Garant einer Zukunft,
die alle Erwartungen
weit übertrifft!
Wem sollten wir glauben,
wem, wenn nicht dir!

Dir glauben wir,
unsicher, wie wir sind,
teilweise leichtfertig,
teilweise fanatisch,
energiegeladen und
mutlos in einem,
kräftig und dennoch
in Ohnmacht.
Dir glauben wir,
wenn du sagst:
„Habt Mut,
ich habe die Welt besiegt!"
Dir glauben wir,
daß du uns die Augen öffnest
und uns gelenkig machst,
denn ohne dich
und die Hoffnung von morgen
bleiben wir die ewig Gestrigen.

VII.
Ich wollte schon immer mit dir reden

Martin Gutl

I.

O GOTT,
ich wollte schon immer mit dir reden, ich wollte beten, mit eigenen Worten, mit den Worten anderer, beten mit Formeln, Gebete aufsagen. Ich wollte etwas leisten vor dir, denn ich habe keine Geduld, so lange zu hören, und du brauchst oft so lange, bis du dich aussprichst in mir, bis du ankommst mit deiner Stimme. Vielleicht ist es, weil ich so weit weg bin und so verstrickt in meine Sorgen. Bis sie abklingen, meine Gedanken, bis sie sich langsam zurückziehen, braucht es lange, und da fehlt mir die Geduld.
O Gott, es fehlt mir die Geduld, mich aufzutun. Doch ab und zu hast du mich überrascht. Ich bin einfach dagesessen und hatte keine Lust zum Reden, und ich war einfach offen. Ich war einfach nur da, und du warst auch da, und ich tat nichts, gar nichts, ich wartete nur. Da erfuhr ich, wie schön es ist, wenn du bist. Ich hatte es vorher nicht erfahren, solange ich nicht begriffen hatte, was Beten ist. Beten ist nicht Worte machen, Beten ist stilles Lieben und sich lieben lassen, Beten ist hören und spüren, daß du nahe bist, o Gott.

II.

O GOTT,
zu dir können wir kommen, zu dir, großer Gott, ewiger Gott, Vater, Mutter, Bruder, Schwester, alles in einem! O Gott, der Zeit hat für uns, wie niemand für uns Zeit hat, der gesammelt ist, wie keiner gesammelt ist. Du wartest, du bist unsere Gegenwart, du wartest uns gegenüber. Wir können zu dir kommen, wie immer wir sind: gierig, rachsüchtig, übersättigt, angeekelt, gottlos, versoffen. Du wartest, in jeder Hafenkneipe, in jeder Bar, in Luxusvillen und in Kellerlöchern.
Du wartest auf uns hinter jedem Volant, du im Tabernakel, du draußen auf dem Meer, du im Hochhaus. Du hältst dich an kein Protokoll, du durchbrichst unsere seelischen Sperren, mit einem Blick, mit einem Wort. Du wendest dich nicht ab. Hilflos sind wir, hilflos, wir schreien aus der Kammer unseres Herzens, aus dem Verlies unserer Seele.
Unendlich großer Gott, du führst uns aus der Sklaverei, aus der Abhängigkeit in die Freiheit der Kinder Gottes, aus der Wüste in die Oase, aus der Gefangenschaft der Schablonen ins schöpferische Denken. O unwahrscheinlicher, unendlicher, ewiger Gott!

III.

O GOTT,
laß mich aufstehen, wo über andere geurteilt wird, als ob man den anderen kennte, als ob man in der Haut des anderen stecken könnte. O Gott, laß mich mutig sein und Worte sagen, die aufhorchen lassen, wo man Menschen ohne Messer tötet, sanft und leise. O Gott, mach mich mutig. O Gott, laß mich nicht am falschen Ort barmherzig sein. Laß mich dort warnen, wo man Gewinnsucht und Gottesverehrung vermischt. Laß mich Widerstand leisten gegen alles Scheinheilige, das sich als heilig ausgibt. Laß mich in deinem Namen Freiheit bringen, wo Menschen einander versklaven, wo Menschen dich und deine Würde im Menschen verletzen.

IV.

O GOTT,
siehst du das Gesicht, das Gesicht der Mutter, die soeben erfahren hat, daß ihr Sohn zum Raubmörder geworden ist? Und siehst du das Gesicht des Vaters, der soeben zuschauen mußte, wie sein Kind unten auf der Straße überfahren wurde? Und hörst du sie lallen, die Gescheiterten, die mit dem Leben nicht fertiggeworden sind, die sich betrunken haben, um vergessen zu können? Siehst du das Gesicht der zitternden Frau mit den vier Kindern, die auf ihren betrunkenen Mann wartet? Und hörst du das Keuchen der Asthmakranken?

Hörst du das alles? Wie sie schreien in den Kliniken, in den Gefängnissen und überall: „O Gott, o Gott!" Hörst du, wie sie heute noch schreien, wie dein Sohn am Kreuz geschrien hat: Mein Gott, mein Gott, warum hast du, auch du, mich verlassen?
Siehst du sie auf den Ölbergen, wie sie wahnsinnig werden vor Angst, vor dem nächsten Verhör, vor dem nächsten Tag? Sie haben nicht mehr Angst vor dem Sterben, sie haben Angst vor dem Leben, Angst vor dem Chef, Angst vor dem Mann, Angst vor der Frau, Angst vor jedem weiteren Schritt aus der Wohnung, Angst vor jedem Blick der Mitmenschen, ja selbst Angst, daß ein Wohltäter sich ihnen nähern könnte. Sie haben einfach Angst. Schau hin auf diese zuckende Menschheit, auf diese Menschen, die auf ihr Todesurteil warten. In den Krebskliniken. Schau hin auf diese Menschen, die jeden Tag irgendwohin unterwegs sind. Die Fernlastfahrer auf den Straßen. Schau hin auf die verbitterten Gesichter der Gastarbeiter, wie sie zum Wochenende heimfahren mit der großen Sehnsucht im Herzen. Mit der Müdigkeit in den Augen und Händen. Mit der Müdigkeit. Und wenn sie dann irgendwo liegenbleiben zwischen Belgrad und Köln...

O Gott, schau hin auf diese zuckende Menschheit, auf die Aussätzigen, schau hin auf die Erfolgreichen, die sich durchsetzen, die auf die anderen herabschauen, auf die, die liegengeblieben sind links und rechts von ihrer steilen Laufbahn. Schau sie alle an, wie sie miteinander nicht fertigwerden, wie sie einander Liebe geschworen und jetzt mit dem Haß zu kämpfen haben. Schau sie an, diese Menschen, die Menschen dieser Erde. Ecce homo, schau sie an: alles ein geheimnisvoll leidender, zuckender Leib. Leib Christi, Leib der Menschheit, tausendfach gezeichnet, millionenfach gegeißelt, millionenfach vernarbt, gestorben, abgestiegen in das Reich des Todes.
O Gott, schau an die Passion der Erde. Du hast doch nichts ohne Planung erschaffen, du tust doch nichts ohne Liebe, und deswegen glaube ich, daß all diese furchtbaren Formen des Leidens, mitverschuldet von uns, Formen bleiben, Formen einer Reinigung der Sehnsucht, Signale einer Weiterentwicklung von einer Stufe zur anderen, vom Leiden zum Gelittenhaben, bis wir alle, bis sich alles in dir sammelt, bis es nicht mehr Mineralien, Pflanzen, Menschen, Engel gibt, bis du alles in allem bist, bis wir voll sind von dir, bis alles Geist, bis alles Licht, bis alles Leben geworden ist. Amen.

V.

O GOTT,
vor Jahrmilliarden war nichts von dem da, was wir sehen: kein Berg, keine Sonnenblume, kein Vogel, kein Mensch. Was hat dich bewogen, uns zu erschaffen? Hattest du Sehnsucht nach der Entwicklung fehlerhafter Wesen, die in ihrer Schwäche deine Größe darstellen?
Wir entfalten uns, aber in welche Richtung? In den Verheißungen der Heiligen Schriften steht immer wieder geschrieben: Es wird! Es wird eine Zeit kommen, da Lamm und Löwe beieinander liegen. Es wird eine Zeit kommen, da Waffen in Pflugscharen umgeschmiedet werden. Ich sehe nichts von dieser Zeit. Was ich sehe, ist steigender Haß, wachsende Einsamkeit, zunehmende Kälte, Ehrgeiz, Sucht.
Auf der einen Seite lese ich die Bibel mit ihren Verheißungen, auf der anderen Seite lese ich die Zeitung mit ihren Nachrichten: auf der einen Seite die Hoffnung, auf der anderen die Tatsachen. Ich will meine Augen nicht vor dem verschließen, was da ist. Ich will meine Ohren nicht verkleben, ich will nicht stumpf werden, ich will nicht meine Feinfühligkeit einbüßen, um weiter glauben und weiter beten zu können. Ich will empfindsam leben und als Empfindsamer einen Sinn finden, und ich will wachsam bleiben und als Wachsamer sagen können: O Gott, es ist gut, daß es die Welt gibt, und es ist gut, daß du bist!

VI.

O GOTT,
ich wende mich an dich. Für dich ist alles klar, für mich ist vieles ungeklärt: Trübes vermischt sich mit Hellem, Lichtes mit Dunklem, Farbiges mit Blassem, Weißes mit Schwarzem, Komisches mit Ernstem. Wohin ich blicke, überall sind Mischungen.
Ich bekenne mich zur Erde mit ihren Polen, zum Nordpol und zum Südpol, zum Tag und zur Nacht, zum Leiden und zur Freude, zum Frieden und zum Kampf. Ich bekenne mich zu mir und zu den anderen, zu uns und zu dir!

VII.

O GOTT,
dein Schweigen ist größer und wertvoller und auskunftsreicher als alle Bücher der Welt. Ein Blick von dir — nicht gesehen, aber gespürt. Ein Wort von dir — nicht gehört, aber vernommen. Eine Geste von dir — nicht greifbar, aber so deutlich vor mir: Deine Zuwendung gibt mir Kraft, und ich gehe weiter. Vierzig Tage und vierzig Nächte durch die Wüste, bis zum Gottesberg Horeb.

VIII.

O GOTT,
du wolltest schon immer mit mir reden, denn du hast unendlich viel Zeit, aber ich hatte keine Zeit und bin vor dir geflohen. Ich habe festgestellt: Wo ich ankomme, erwartet mich ein neuer Mangel. Wo ich glaubte, das Glück an mich reißen zu können, hielt ich den Wind in den Händen. Aber bei dir kann ich sein, wer ich bin. Bei dir muß ich mich nicht entschuldigen, wie immer ich bin: verloren, ruhig, heiter, mißgelaunt. Wie immer ich rede, du gehst auf mich ein; mit dir zu reden befreit. Du sagst: Es geht weiter, wo ich sage: Ich bin am Ende. Du zeigst mir eine Tür, wo ich nur die Mauer sehe. Du bleibst besonnen, wo ich die Nerven verliere.
Ich danke dir, unausweichlicher, ewiger, mich umgebender Gott. Du bist schon immer um mich bemüht, und ich habe nichts von dir bemerkt. Du bist auch nicht leicht zu bemerken: kein Gesicht, keine Augen, keine Gestalt, kein Hauch. Und doch wirkt nichts so eindringlich auf mich wie dein Dasein, das ganz wie Abwesenheit aussieht. Du ergreifst mich ohne Hände fester, als jemals jemand zupacken könnte. Du schaust inniger auf mich als alle Menschen, die mir bisher liebevoll begegnet sind. Es gibt zuwenig Worte, um auszusagen, wie sehr du bist.

IX.

SO SPRICHT GOTT:
Ich wollte schon immer mit dir reden,
aber du hast mir keine Zeit gelassen.
Ich wollte dir schon immer sagen:
„Ich bin für dich da."
Aber du hattest Angst.
Ich wollte dir schon immer sagen:
„Fürchte dich nicht, denn ich bin bei dir."
Aber du hast mir nicht geglaubt,
sondern mich für fern, für abwesend, für tot gehalten.
Ich wollte schon immer mit dir reden,
aber du hast mich nicht ausreden lassen,
denn es steht dir frei,
dich zu entscheiden,
ob du mir zuhörst
oder ob du abschalten willst.
Wenn du bereit bist,
auf meine Worte zu hören,
dann möchte ich dir sagen:
„Mit ewiger Liebe habe ich dich geliebt."
Meine Liebe bleibt seit Ewigkeit gleich.
Ob du dich abwendest oder mir zuwendest,
ich liebe dich!
Weil du lebst, liebe ich dich.
Weil du dich entfaltest, liebe ich dich.
Weil du Mensch bist, liebe ich dich.
Weil du der Erde angehörst, liebe ich dich.

Weil du dich in Raum und Zeit,
in einem bestimmten Raum
und in einer bestimmten Zeit
bewähren mußt, liebe ich dich.
Weil du nicht ohne Hoffnung und Glauben
leben kannst, liebe ich dich.
Mit ewiger Liebe liebe ich dich.
Du kannst dich mir anvertrauen.
Ich habe Zeit für dich.
Wann immer,
wo immer,
wie oft immer.
In der Nacht, am Tag,
komm zu mir, setz dich hin,
du brauchst mir nichts zu erzählen.
Ich sehe dich.
Wenn du willst, kannst du reden.
Rede, schreie, fluche, bete,
bete an, lauf fort, komm wieder,
mit ewiger Liebe liebe ich dich.
Meine Liebe zu dir war schon längst wirksam,
bevor du auf die Welt gekommen bist.
Ich liebe dich.
Weil ich dich liebe, bleibst du.
Du wirst nicht sterben.
Ich kann dich nicht vernichten,
weil ich dich liebe.
Was immer du tust, ich gehe dir nach.
Verläßt schon eine Mutter ihr Kind nicht,
auch wenn es etwas Böses tut,
so verlasse ich dich auf keinen Fall,
denn ich liebe dich.

Laß dich lieben!
Öffne dich,
laß dich von mir lieben.
Laß dich lieben von den Hügeln,
die du siehst.
Laß dich lieben von den Bergen,
laß dich lieben vom Blumenfeld,
und laß dich lieben vom Quellwasser.
Laß dich lieben von den Menschen,
die dir zulächeln,
laß dich lieben von den Menschen,
die mit dir zusammen sind.
Laß dich lieben!
Laß dich lieben von der Erde,
und laß dich lieben von den Sternen.
Mit ewiger Liebe habe ich dich geliebt,
Menschenkind,
ich kenne deine Geschichte,
mir ist nichts verborgen.
Ich warte,
bis du ja zu mir sagst.
Ich möchte dich nicht erpressen.
Ich kreuze ab und zu deine Wege,
ich warte hoffnungsvoll,
angstlos auf dein Credo,
auf dein Vertrauen zu mir.
Ich habe nichts davon,
wenn du Angst hast vor mir,
aber um dein Vertrauen zu erreichen,
tu ich, dein Gott, alles für dich.
Amen.

VIII.
Seit er nach Golgota ging

Josef Dirnbeck

Seit er nach Golgota ging

Seit er nach Golgota ging,
ist die Welt voll von Kreuzen.
Auf Schritt und Tritt
wird erinnert an ihn.

Seit er nach Golgota ging,
hat er viele Nachfolger;
sein Weg ist das Maß
für den eigenen Weg.

Seit er nach Golgota ging,
bleibt noch viel zu gehen.
Den entscheidenden Schritt
muß jeder selbst tun.

Wer immer du bist

I.

Wer immer du bist:
Du wirst beurteilt.

Wir bilden uns
über dich unser Urteil
und beurteilen dich
nach unserem Bild von dir.
Wir halten
über dich unser Gericht
und richten dich
nach unserem Bild zurecht.
Du hast dich danach zu richten,
daß du gerichtet bist.

Wer immer du bist:
Wir urteilen.
Und welches Urteil kommt über uns?

II.

Wer immer du bist:
Du fällst.

Wir achten
auf dein Fallen,
und uns gefällt,
daß du fällst.

Wenn du fällst,
verfehlst du dein Ziel.
Wenn du stehenbleibst
und nicht gehst,
um nicht zu fallen,
gehst du auch in die Falle.
Nur wenn du fällst,
gehst du weiter.

Wer immer du bist:
Du kommst zu Fall.
Und welche Niederlage bereiten wir uns?

III.

Wer immer du bist:
Du weinst.

Du brauchst nicht zu weinen,
wir tun dir doch nichts!
Wir tun dir nichts,
denn wir sind so stark,
daß wir uns leisten können,
dir nichts mehr zu tun.
Du meinst, dein Weinen
macht uns vielleicht weich?
Wir sorgen uns nicht,
weil du weinst,
denn wir haben
für deine Tränen gesorgt.

Wer immer du bist:
Wir machen dir Tränen.
Und wer stoppt unser Gelächter?

IV.

Wer immer du bist:
Du wirst bloßgestellt.

Nichts bleibt von dir über,
wenn wir über dich kommen:
Du wirst zerfetzt,
in der Luft zerrissen,
kein gutes Haar
bleibt an dir.
Wir schämen uns nicht,
dich bloßzustellen;
wir stellen dich bloß so dar,
wie wir uns dich vorstellen.
Daß du verstört bist,
stört uns nicht.

Wer immer du bist:
Du wirst entstellt.
Und wann entlarven wir uns?

Wie war es möglich?

I.

Wie war es möglich,
daß es zu dieser Nachricht kam:
„Der Herr ist auferstanden"?
Wer weiß, was wirklich passiert ist!

Sonntagmorgen in Jerusalem:
Wer weiß, mit was für raffinierten Tricks
die Anhänger des Toten
die Geschichte von seiner Auferstehung
inszeniert haben!
Skeptiker meinen:
Vielleicht war er
überhaupt gar nicht tot!
Oder es haben die Jünger
die Wächter bestochen
und die Leiche beiseite geschafft.
Ein leeres Grab?
Das kann schon sein,
das beweist gar nichts!
Kein vernünftiger Mensch
zieht den Schluß,
daß der Tote auferstanden sein muß,
wenn er ein leeres Grab sieht;
logischer ist es, zu denken:
jemand muß die Leiche
weggeräumt haben.
So steht es ja auch
in der Bibel.

Die Frau aus Magdala
steht traurig beim Grab
und ist noch trauriger,
als sie bemerkt:
Der, den sie sucht,
ist weg.
Wer war's?
Wahrscheinlich war es
der Gärtner, so denkt sie,
doch der, den sie für den Gärtner hält,
entpuppt sich als der,
den sie sucht.

II.

Sonntagmorgen in Jerusalem:
Ein paar behaupten,
sie hätten ihn lebend gesehen
und wiedererkannt.
Skeptiker sagen:
Na und?
Was beweist es,
wenn fromme Hysteriker
schwätzen!
Von Visionen reden,
das kennen wir schon:
Die wollten ganz einfach
nicht wahrhaben,
daß Golgota ein Fiasko war!
Was ist wirklich passiert
in Jerusalem?

Wirklich passiert ist,
daß seine Anhänger glaubten
und ihren Glauben bekannten,
und daß es immer mehr wurden,
die seine Sache vertraten.
Skeptiker sagen:
Auch das beweist nichts!
Das beweist nur:
Sie waren taktisch
und schlau.
Das beweist nur:
Sie hatten eine gute Strategie.
Einige gingen so weit und sagten,
um den Skeptikern den Wind
aus den Segeln zu nehmen:
Sucht nur ruhig weiter,
ob sein Grab leer war
oder ob Knochen drin sind!
Was ihr mit eurer Schulweisheit
zählen, wägen und messen könnt,
ist für seine Auferstehung
gar nicht so wichtig!
Wenn ihr wirklich meint,
dieses verschreckte Häuflein
habe aus eigener Kraft
begonnen, für ihn
und seine Botschaft zu leben,
ja sich umbringen zu lassen wie er:
dann steht euch selbstverständlich frei,
zu zweifeln.

Wenn ihr glaubt,
dies alles käme nicht von ihm,
dann ist das eure Sache!
Fällt es euch leichter,
an Strategie und Taktik zu glauben,
bloß weil ihr glaubt,
nicht an Auferstehung
glauben zu dürfen?

III.

Was ist wirklich passiert
in Jerusalem?
Was war am fraglichen Sonntag?

Sonntagmorgen in Jerusalem:
Die Anhänger des Gekreuzigten
waren kleinlaut.
Sie zitterten um ihr Leben,
sie befürchteten,
ihnen könnte es gehen
wie ihrem Herrn.
Eine Legende erfinden,
eine Auferstehung zu inszenieren,
danach war ihnen nicht zumute.
Groß war die Verzweiflung in Jerusalem,
nicht zu überbieten die Enttäuschung.
An so ein Ende
hat keiner gedacht:
Erst tut er gewaltige Wunder,
und dann tut er nichts für sich.

Ein Kreuz,
ein paar Nägel,
dann hängt er.
Ausgelacht wird er:
Ihm geschieht ja recht.
Wer den Schaden hat,
kriegt den Spott umsonst.
Drei Stunden Todeskampf:
ein Wunder,
daß sein Kreislauf
überhaupt noch
so lange durchhält,
bei diesen Verletzungen.
Der Tod ist kein Spaß,
und ein solcher
schon gar nicht.
Peinlich sein Scheitern,
nicht zu vertuschen!
Seine Rechnung:
nicht aufgegangen.
Sein Testament:
eine Illusion.
Seine Verzweiflung
war öffentlich:
Zuletzt, mein Gott,
hat er geschrien,
und alle haben ihn
verlassen.

IV.

Sonntagmorgen in Jerusalem:
Hatten sie große Pläne,
die galiläischen Fischer?
Träumten sie noch
vom Reich Gottes,
von der großen Befreiung?
Was blieb ihnen übrig,
als zurückzugehen zum See
und zu fischen wie früher?
Drei Tage danach,
kein Grund, begeistert zu sein,
kein Anlaß zur Hoffnung.
So schief ging noch nichts!
Vorbei mit dem Glauben,
aus mit der Hoffnung.
Nichts,
gar nichts,
nur Finsternis:
Gott selbst hat versagt!
Zwei sprachen es aus,
die gingen nach Emmaus
am fraglichen Tag:
Wir hatten gehofft,
daß er es ist,
der Israel rettet.
Aber jetzt?
Alles aus,
heute ist schon
der dritte Tag
nach der Katastrophe.

V.

Was ist wirklich passiert
in Jerusalem?
Wirklich passiert ist,
daß diese Enttäuschten,
diese ganz und gar
Desillusionierten,
denen der letzte Funke
von Hoffnung erstarb,
glaubten und bezeugten:
Er lebt,
er ist auferstanden.
Und sie bezeugen es
noch immer:
Auferstanden ist er,
doch nicht für sich,
sondern für uns,
auch für euch.
Für alle,
ob ihr es glaubt
oder nicht!
Glaubt nicht,
daß er euch zwingt!
Er läßt euch frei,
ihm auf diese
oder auf jene Weise
zu glauben.
Er preßt euch
in kein Korsett,
er nicht.

Sein Ende,
das war
ein veränderndes Ende.
Sein Ende,
das war
ein Beginn!
Erlebt ihr denn nicht,
wie er lebt?

VI.

Freilich,
die Auferstehung des Herrn
erfüllte nicht alle Wünsche.
Sie ließ auch
zu wünschen übrig!
Die heile Welt brach nicht an,
als das Heil in die Welt kam.
Die Erde wurde nicht friedlich,
als der Friede auf Erden
verkündet wurde.
Glaubt an die Auferstehung,
aber glaubt nicht,
daß sie euch zufliegt
wie eine gebratene Taube!
Begrabt eure Illusionen,
damit eure Hoffnung aufersteht!
Und seht zu,
daß wirklich wird,
was ihr hofft!

Der Herr ist auferstanden!
Aber wartet nicht
auf bessere Zeiten,
sondern tut etwas!
Geht hin
in alle Welt!
Zeigt einer dem andern:
Siehe, du bist nicht allein!
Zeigt einer dem andern:
Siehe, ich stütze dich!
Zeigt einer dem andern:
Siehe, ich mache alles neu!
Zeigt einer dem andern:
Siehe, ich bin bei euch
alle Tage bis ans Ende der Welt!

IX.
Was sucht ihr den Lebendigen bei den Toten?

Josef Dirnbeck / Martin Gutl

Was sucht ihr den Lebendigen bei den Toten?

> „Und als sie hineingingen, fanden sie den Leichnam Jesu, des Herrn, nicht."
> *Lk 24,3*

Was sucht ihr den Lebendigen
bei den Toten
und den Heiteren
bei den Klageweibern?
Was sucht ihr den Lebendigen
in den toten Buchstaben
und den Liebenden
in den Paragraphen?
Was sucht ihr den Lebendigen
bei den Phantasielosen
und den Lächelnden
bei den Griesgrämigen?
Was sucht ihr den Lebendigen
in den Lehrbüchern
und den Geistvollen
in den Papieren?
Was sucht ihr den Lebendigen
in der Bürokratie
und den Auferstandenen
in den Sitzungen?
Was sucht ihr den Lebendigen
in den Museen
und den Anspruchslosen
in den Prunkschlössern?

Was sucht ihr den Lebendigen
bei den Diplomaten
und den Aufrichtigen
bei den Heuchlern?
Was sucht ihr den Lebendigen
bei den Leichen
und den, der bei euch ist,
in weiter Ferne?

Seht das Lamm Gottes

Seht das Lamm Gottes,
es nimmt hinweg
die Sünde der Welt!

Seht das Lamm Gottes,
es nimmt hinweg die Trauer
und gibt den Humor,
es nimmt hinweg die Tragik
und gibt Optimismus,
es nimmt hinweg die Ungeduld
und gibt Gelassenheit,
es nimmt hinweg die Dummheit
und gibt den Geist,
es nimmt hinweg die Verstrickung
und gibt die Entfaltung.

Seht das Lamm Gottes,
es nimmt nicht hinweg
das Leid und den Hunger,
es nimmt nicht hinweg
die Anstrengung, den Kampf,
es nimmt hinweg
die Sünde der Welt!

Seht das Lamm Gottes,
es nimmt nicht hinweg
den Jubel, die Freude,
es nimmt hinweg
die Sünde der Welt!

Gott warnt

„Tritt nicht näher heran, Mose!"
Verlange nicht Erkenntnis vor der Zeit!
Geh nicht zu früh den Schritt zum Letzten!
Gott warnt vor Übertreibung.
Bleib deinen Sinnen treu,
bleib auf der Erde!
Heb den Abstand nicht auf
zwischen dir und mir!

Erfahre Schritt für Schritt,
wer ich bin.
Versuch nicht, in mich hineinzusinken
vor der Zeit.
Du wirst für deine Welt gebraucht.

Tritt nicht näher!
Das Feuer wird dich verbrennen.
Denke und glaube!
Bete und arbeite täglich!

Ich bin die Stimme des Rufers in der Wüste

„Johannes sagte: Ich bin die Stimme eines Rufers in der Wüste: Ebnet den Weg des Herrn, wie der Prophet Jesaja gesagt hat."
Joh 1,23

Ich bin die Stimme des Rufers in der Wüste:
Ebnet den Weg des Herrn!
Ich bin der Schrei des Gefolterten in Brasilien:
Ebnet den Weg des Herrn!
Ich bin der Seufzer im Altersheim:
Ebnet den Weg des Herrn!
Ich bin das Plädoyer des Menschenrechtskämpfers:
Ebnet den Weg des Herrn!
Ich bin das Bittgesuch der Pensionistin:
Ebnet den Weg des Herrn!
Ich bin der Friedensappell des Heiligen Vaters:
Ebnet den Weg des Herrn!
Ich bin der Gesang des Benediktiners:
Ebnet den Weg des Herrn!

Wer bist du?

„Fragst du das von dir aus, oder haben es dir andere über mich gesagt?"
Joh 18,34

Dein Reich ist nicht von dieser Welt?
Also bist du doch ein König!
Du kämpfst gegen die Pharisäer an?
Also bist du doch ein Weltverbesserer!
Du zitierst die Bibel?
Also bist du doch ein Schriftgelehrter!
Du fastest vierzig Tage lang?
Also bist du doch ein Frommer!
Du peitscht die Wechsler aus dem Tempel?
Also bist du doch kein Pazifist!
Du willst den Tempel niederreißen?
Also bist du doch ein Phantast!
Du sprichst die Armen selig?
Also bist du doch ein Marxist!
Du gibst dem Kaiser, was des Kaisers ist?
Also bist du doch ein Konservativer!
Ehe Abraham war, willst du gewesen sein?
Also bist du doch ein Ketzer!
Das Brot ist dein Fleisch und der Wein dein Blut?
Also bist du doch ein Mystiker!
Du weinst, weil Lazarus tot ist?
Also bist du doch ein Mensch!
Du reitest auf einem Esel nach Jerusalem?
Also bist du doch ein Showmaster!

Du wirfst auf Ehebrecherinnen keine Steine?
Also bist du doch ein Anarchist!
Du läßt dir von Magdalena die Füße salben?
Also bist du doch kein Feminist!
Du wäschst deinen Jüngern die Füße?
Also bist du doch kein Pascha!
Du duldest unter deinen Jüngern einen Verräter?
Also bist du doch ein König!

Die Füchse haben ihre Höhlen

Die Füchse haben ihre Höhlen,
und die Vögel haben ihre Nester,
der Menschensohn aber
läßt sich nicht festlegen.

Gebäude haben Mauern,
und Käfige haben Gitter,
der Menschensohn aber
läßt sich nicht einsperren.

Staaten haben Zollschranken
und Länder Hoheitsgebiete,
der Menschensohn aber
läßt sich nicht begrenzen.

Weine haben Etiketten
und Autos Kennzeichen,
der Menschensohn aber
läßt sich nicht festlegen.

Was habt ihr mit mir getan?

„Amen, ich sage euch: Was ihr für einen meiner geringsten Brüder getan habt, das habt ihr für mich getan."
Mt 25,40

Mich habt ihr auf Goldgrund gemalt,
und eure Armen verkommen in Slums.
Mich überschüttet ihr mit tausend Gebeten,
und für eure Nachbarn habt ihr kein gutes Wort.
Mich nennt ihr den Weltenrichter,
und ihr richtet über einen jeden.
Mich bittet ihr täglich um Erbarmen,
aber einander wollt ihr nicht verzeihen.
Mich tragt ihr zu Fronleichnam umher,
aber einander wollt ihr nicht ertragen.

„Gott hat uns durch Christus
mit sich versöhnt und uns den
Dienst der Versöhnung aufgetragen."
(2 Kor 5,18)

Um das Gebet bittet

P. Josef Lackstätter OSB

Priesterweihe
Göttweig, am 22. April 1995

Gnadenbild ULF von Maria Roggendorf, Niederösterreich

Ich habe dich bei deinem Namen gerufen

Ich habe dich bei deinem Namen gerufen
und dich nicht beschimpft oder angebrüllt.
Ich habe dich bei deinem Namen gerufen
und dich nicht Nichtsnutz oder Lausbub genannt.
Ich habe dich bei deinem Namen gerufen
und nicht Idiot, Schwein und Gauner zu dir gesagt.
Ich habe dich bei deinem Namen gerufen
und dich nicht als Ausländer, Klienten,
Kunden, Patienten, Hofrat und Doktor,
Sozialfall oder Pfarrkind betrachtet.

Aus seiner Fülle

Aus seiner Fülle
haben wir alles empfangen:
alle Verständnisbereitschaft,
alle Kritikfähigkeit,
alle Güte und Toleranz.
Aus seiner Fülle
haben wir alles empfangen:
alle Väter und Mütter,
alle Propheten und Dichter,
alle Lehrer und Techniker,
die über sich hinausgewachsen sind,
als sie es mit Ihm versuchten,
die sich entwickelt haben,
die aus ihren Fehlern lernten,
Brücken bauten und Bücher schrieben,
Erfindungen machten und Krankheiten heilten.
Aus seiner Fülle
haben wir alles empfangen:
Gnade über Gnade.

Und das Wort ist Fleisch geworden

„Wär' Christus tausendmal in Betlehem geboren und
nicht in dir, du bliebst noch ewiglich verloren."
Angelus Silesius

I.

Und das Wort ist Fleisch geworden
und hat unter uns gewohnt:

Und das Wort
ist nicht Wort geblieben,
sondern Fleisch geworden.
Und das Evangelium
ist nicht Theorie geblieben,
sondern Praxis geworden.
Und der Glaube
ist nicht Utopie geblieben,
sondern gelebt worden.
Und die Hoffnung
ist nicht Phantasie geblieben,
sondern verwirklicht worden.
Und Gott
ist nicht abstrakt geblieben,
sondern Mensch geworden.

II.

Und das Wort ist Fleisch geworden
und hat unter uns gewohnt:

Und das Wort
geht den Weg
allen Fleisches.
Und das Evangelium
wird zu Papier,
und der Glaube
zum Lippenbekenntnis,
und die Hoffnung
zu Illusion,
und Gott
zu Philosophie.

III.

Und das Wort ist Fleisch geworden
und hat unter uns gewohnt:

Und das Wort wird Fleisch werden,
wenn wir es unter uns
wohnen lassen,
und wir werden
seine Herrlichkeit schauen,
die Herrlichkeit
des einzigen Sohnes vom Vater,
voll Gnade und Wahrheit.

Inhaltsverzeichnis